副业变现
五步成就副业高手

思林 著

中国纺织出版社有限公司

内 容 提 要

本书凝聚了作者九年的副业实战经验。作者精心分享了自己如何从零开启副业，实现副业年入百万元的实操心法，并为读者拆解了不同类型的副业的变现方法。此外，作者还公开分享自己副业创富的独门秘诀——无痕成交方法，希望能帮助更多普通人探索副业旅程、设计第二人生曲线，助力他们过上理想、自由的生活。

图书在版编目（CIP）数据

副业变现：五步成就副业高手 / 思林著． -- 北京：中国纺织出版社有限公司，2025.1. -- ISBN 978-7-5229-2249-2

Ⅰ．F307.5

中国国家版本馆 CIP 数据核字第 2024MG7425 号

责任编辑：刘 丹　　责任校对：王蕙莹　　责任印制：储志伟

中国纺织出版社有限公司出版发行
地址：北京市朝阳区百子湾东里A407号楼　邮政编码：100124
销售电话：010—67004422　传真：010—87155801
http://www.c-textilep.com
中国纺织出版社天猫旗舰店
官方微博 http://weibo.com/2119887771
天津千鹤文化传播有限公司印刷　各地新华书店经销
2025年1月第1版第1次印刷
开本：880×1230　1/32　印张：8
字数：158千字　定价：58.00元

凡购本书，如有缺页、倒页、脱页，由本社图书营销中心调换

序

罗曼·罗兰说过:"人们常觉得准备的阶段是在浪费时间,只有当真正机会来临,而自己没有能力把握的时候,才能觉悟自己平时没有准备才是浪费了时间。"

成年人的世界,没有"轻松"二字。而焦虑往往源于对未来不确定性的担忧,我们常常担心因一些突发事件,致使生活遭遇打击,生活质量骤降。为了应对可能突如其来的变故,不少人把眼光瞄准了副业,报了一堆课程,加入各种社群拼命学习,眼看着时间一年一年不知不觉过去了,最后非但没有赚到钱,自己的能力也没有得到任何提升。这也是我写本书的初心,希望给更多迷茫的上班族及创业者带来力量。

曾经的我品学兼优,工作以后顺利入职了一家世界500强大型国企,看起来光鲜亮丽的体面工作,却使我在这样的工作中渐渐变得越来越迷茫和焦虑。

我不喜欢重复机械的工作内容,不喜欢无意义的培训和会议,不喜欢同事之间因为资历和职位而变得不平等的关系,于是开启了自己的副业之路。

创作本书的这一年,已经是我做副业的整整第九个年头了。这九年，我曾经尝试过销售、课程助教、自媒体运营、讲师等各种副业，深感副业没有想象中的那么容易，但也没有想象中的那么艰难。

因为从第一天起，我就无比坚定自己奋斗的目标，那就是全力以赴精进技能，让自己变得无可替代。

其一是尝试做难而正确的事。如不停地学习文案、演讲、销售、心理学、国学等各种专业知识，丰富自己的学习体系。

其二是努力把谁都能做的事做出特色。如写作，虽然人人皆可上手，但是能坚持五年、十年的人，依旧凤毛麟角。

在打拼副业的过程中，只要你能善于思考和总结，并且一步一个脚印地努力前行，就能找到属于自己的一片天空。而现在的我，也从一个内向胆小的女生，蜕变成长为千人团团长、自媒体上万粉丝博主、畅销书作家、百万文案变现导师。

所以，在我眼中，一份成功的副业不仅仅是换个地方打工，而是可以让你在激烈的社会竞争中游刃有余，并且拥有更大的选择空间。

毕竟在生活和工作中，我们可能有很多不想做但又不得不做的事。这些不得不为之的事，容易让我们产生内耗。只有利用业余时间充实自己，让自己变得更好，才是你最值得去做的事。

努力，永远是一个了不起的品质，请不要用"卷"来杀死努力，也不要用"躺"来放弃努力。

如果主业是赖以生存的基础，那么对于我来说，副业是投资自己以及对生活缺憾的弥补，也是一条成长之路。副业之路虽充满挑战，但也蕴藏着无限可能。它不仅是增加收入的手段，更是实现个人价值、拓宽人生事业的重要途径。

走过这九年，曾经有很多人问我："你是如何平衡家庭和主副业的？""为什么在有主业的情况下，还能把副业做得有声有色？""你是如何战胜事业中的一个又一个困难，一路持续深耕获得成果的？"

正因为我不仅自己在副业上获得了成果，还把这套方法复制给我的上千名学员，手把手带他们收获了副业果实，变得更加自信、积极和绽放，所以我特别想把这些经过反复验证的方法，分享给更多期待开启副业，追寻人生更多可能性的你。

本书从以下五大步骤入手，将理论知识和实操经验相结合：

第1章为副业的筹备期，在人人都可做副业的时代，我们可以通过剖析自身性格、植入副业思维，为未来的副业之路筑牢根基；

第2章为副业的起步期，通过尝试销售产品，找到副业的切入点，再借助被动营销，开启一份真正有温度且利他的事业；

第3章为副业的成长期，我们要深耕情绪力、效能力、输入力、表达力等各方面技能，精进自己，夯实基本盘，让副业之路走稳走踏实；

第4章为副业的成熟期，从产品、流量、成交、交付四大模块展开，给出一张详尽的个人品牌实操地图，从而不断提升个人价值；

第 5 章为副业的收获期，通过平衡事业与家庭，持续学习、终身成长，从而收获人生智慧，通向理想的事业目的地。

值得一提的是，每一章节都配合案例拆解、小试牛刀环节，旨在为你描绘一幅从 0 到 1 开启副业的完整蓝图。

本书适合以下人群阅读：

（1）工作之余仍有精力，想要拥有多一份收入的上班族；

（2）对目前的工作缺乏激情，想要通过副业追求个人价值的人群；

（3）不甘于现状，一直有创业想法，试图挑战自己的人群；

（4）具备专业技能或知识的人，想要通过副业增加收入来源的专业人士；

（5）想要扩大人脉和社交网络的人群；

（6）想要精进一技之长，打造个人 IP，从而让自己变得无可替代的人群……

本书有以下四大特色：

（1）写作手法独树一帜：直接给出了一张副业寻宝图，把从筹备期、起步期、成长期、成熟期、收获期的不同阶段所需要培养的思维和能力，全部标记清楚并且讲透核心内容，并附上了相关案例；

（2）价值主张正心正念：本书的价值主张，强调的是做副业收获的不仅仅是金钱，而是自我成长、自我成就，是为了实现人生价值，拥有闪耀美好的人生；

（3）方法被多次验证过：凝聚了我九年的副业实战经验，分享了我自己从零开启副业，到副业收入年入百万元、远超主业收入的方法。而且不仅仅是我自己，我的很多学员也都取得了月入过万元甚至十万元的好成绩，这也证明我的方法可以直接被复制；

（4）独家特色和亮点展示：书中所提到的被动无痕成交，属于我自己的独门秘诀，最开始源于自身内向的性格，后来不断迭代演变成一套无痕成交方法，它让我在从不主动私聊用户的情况下，轻松获得年收入七位数的副业成果。

以上这些经验，值得你直接拿走"抄作业"，也许你今后的人生，会因此刻的选择而变得与众不同。

在未来的日子里，愿看到此书的你勇敢踏上副业之旅，不给自己设限，静心精进自己的副业技能，更祝福你的人生因副业而绚烂精彩！我是思林，我在副业变现的路上等你。

思林

2024 年 8 月

| 目录 |

第1章 筹备期，弄懂副业的底层原理 /001

    1.1 刚需时代，人人都能开启副业 /003

    1.2 你的性格，决定副业之路的走向 /013

    1.3 开启副业，必先植入的四大高手思维 /020

    1.4 案例拆解：你适合做副业吗 /025

第2章 起步期，如何开启副业 /031

    2.1 主动出击，赢在副业的起点 /033

    2.2 瞄定销售，寻找副业的切入点 /043

    2.3 被动销售，从心出发做有温度的事业 /049

    2.4 案例拆解：零资源、零人脉的新手，如何走过副业起步阶段 /060

第3章 成长期，如何夯实副业基本盘 /065

    3.1 情绪力：好的心态是成功的一半 /067

    3.2 效能力：高效人士的顶级修养 /077

3.3 输入力：攒到更有价值的信息差 /091

3.4 表达力：将想法化作个人影响力 /104

3.5 案例拆解：普通人如何在副业中最大化成长
价值 /112

第4章 成熟期，如何打造你的终身资产 /117

4.1 个人品牌，构筑你的终身护城河 /119

4.2 产品系统，打造快速上手的差异化产品 /129

4.3 流量系统，被动吸引源源不断的精准流量 /145

4.4 成交系统：高转化高复购的生意这么做 /169

4.5 交付系统，好口碑成就好未来 /200

4.6 案例拆解：做对选择，副业可以有声有色 /211

第5章 收获期，如何在副业中实现人生价值 /217

5.1 平衡人生：如何实现事业家庭双平衡 /219

5.2 终身成长：你终会拥有闪耀美好的人生 /226

5.3 善为道者：人生就是一场修行 /232

5.4 案例拆解：她们都活出了绽放的样子 /236

后　　记 /241

第1章 筹备期,弄懂副业的底层原理

最近几年，经常听到很多人感慨"生活不易"，物价上涨，大厂裁员，实体店倒闭。而副业，一直都是一个经久不衰的话题。网上流传着一种最直白的解释："搞副业，是每个成年人该有的自觉。"

在这个快节奏的社会，许多人都在寻找能够充分利用下班时间的副业。前几天，我在网上看到这样一组数据，有53%的人曾经或者正在尝试副业。这也就意味着有一半以上的人群，动过这样的念头。

无论是为了增加收入、实现财务自由，还是仅仅追求个人兴趣和满足成就感，副业都成为现代生活的一个重要组成部分。

在知乎、小红书、B站等平台上，与"副业"相关的话题，"副业赚钱""副业推荐""副业刚需"都是大家谈论的焦点。**毕竟多一份副业，犹如多一个B计划，多一条退路，多一分安全感。**

其实，危机和挑战在任何时代都不会消失，人生更没有一个阶段是你可以安心躺平的。因为放弃成长，是最没有胜算的冒险。

第 1 章 筹备期,弄懂副业的底层原理

1.1 刚需时代,人人都能开启副业

在过去,传统行业一般都需要大规模合作分工,我们能选择的"副业"类型并不多。但现在进入了互联网时代,新的经济形态已经成熟,人人都可以利用碎片时间生产价值,甚至身兼数职。

我自己在副业上已经深耕了九年,一路从普通打杂工作开始,做过课程助教、公众号编辑,再到后来的课程分销、畅销书作家、文案导师,最终收获了从未想过的精彩人生。

这一切,都让我无比庆幸当初的决定。

1.1.1 向内探索,做副业的好处远不止变现

一天,我的一位朋友 A 跑来告诉我,她所在的公司突然宣布降薪。上有老下有小的家庭环境,每个月的房贷和车贷让她一下子感到非常沮丧和无助。她说自己这才开始意识到,单靠一份工作已经不能够满足自己的经济需求,而且也不能够保证自己未来的职业安全。

无独有偶,我的另外一位朋友 B,在一家中型企业就职,工作看上去很体面,但是她每天都在内耗,看不到工作的意义。她想换工作,却不知道出路在哪里,加上最近公司在裁员,她产生了一种强烈的危机感。

于是,想做一份副业,提前给自己找条后路,成为越来越

多人的追求。

我曾经在课堂上，多次调研过学员们选择开启副业的原因，其中最主要的动机有：缓解经济压力、培养自己多元化的能力、对自己的未来有更多掌控感。甚至有一天，渴望可以借着副业逐渐脱离"打工的状态"，过上自由职业的潇洒生活。

1.1.1.1　增加收入来源，缓解经济压力

俗话说："人无副业不富，马无夜草不肥。"副业可以增加我们的收入来源，从而在很大程度上缓解我们的生活压力和精神压力。

现在的生活成本越来越高，单靠一份工作的收入往往难以满足我们的需求。但是通过副业，我们可以赚取额外的收入，提高生活质量，甚至实现财务自由。

1.1.1.2　打破舒适区，精进多元技能

一个人如果离开自己舒服的领域和环境，就会变得紧张、焦虑和不安，工作也是如此。当我们适应了一成不变的工作流程和模式的时候，很难去改变，更难以突破自己，个人提升就会受到限制。

但是副业的价值就完全打破了这样的魔咒。当一个人开始研究副业项目的时候，就是在不断地学习新知识。如果你要做自媒体，就会去学习运营知识，研究自己擅长领域的知识，你的成长速度也会飞快！

1.1.1.3　换一种方式，寻求外界的认可

多数时候在工作中，我们只能听令于人，甚至接手的都是

偏执行和辅助性质的任务，很可能感受不到自己的价值。

这种情况下，如果你选择了与个人兴趣和擅长的事相关的副业，很可能是更容易获得外界认可的一种方式，它能够让我们在发挥自己所长的同时，收获更多的鼓励和赞美。

1.1.1.4　不断积累力量，拓展人脉和社交圈

在副业圈子中，我们会遇到各行各业的牛人，结识新朋友，建立有益的人际关系，这些都会给我们带来很多意想不到的机遇。

比如，自媒体学习群、个体商业群，可以帮助我们打破原有的固定化社交圈层，突破信息茧房，获取信息差。此外，我们还可以与其他自媒体达人交流合作，互相借力，共同发展。

1.1.1.5　添加额外的个人标签和背书

副业可以为我们积累个人标签和背书，如成为某平台的销售达人、某公众号的优质内容创作者、畅销书作家、短视频红人，等等。某种程度上，这些都是你个人 IP 的有力标签。

个人标签的好处是，提升你的 IP 影响力，同时你的市场价值也会因此而一度升高。

所以，副业不是单纯地出卖时间和劳力，而是通过个人技能的提升、人脉的积累、资源的整合，逐渐提升个人的经济价值和情绪价值（图 1-1）。

在这个过程中，当你积极拓展思维认知，不断提升技能或者开拓人脉关系，也会发现这些不仅会在你的副业上发挥作用，同时还会给你的主业和生活带来一些意想不到的惊喜和改变。

副业≠兼职
而是赋业，
（自我价值实现）

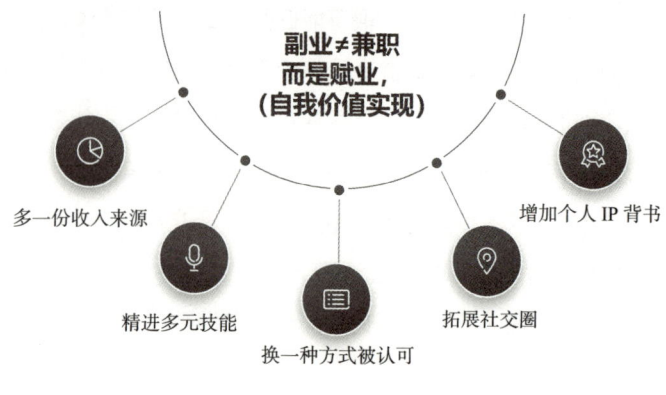

多一份收入来源　　精进多元技能　　换一种方式被认可　　拓展社交圈　　增加个人IP背书

图1-1　副业的好处

1.1.2　向外突围，这个时代还有哪些副业机会

随着互联网的普及和技术的进步，越来越多的副业机会涌现出来。比如，网络写作、自媒体运营、线上培训、电商销售等，都是当下热门的副业选择。这些副业不仅门槛相对较低，而且灵活性高，适合不同行业和岗位的人群。

当然也有传统的副业机会，如翻译、会计、设计师等，这些职业通常需要一定的专业技能和经验。那么这个时代，都有哪些副业机会，值得我们尝试呢？

1.1.2.1　投身自媒体赛道

做自媒体博主是一种非常热门的副业方式。只需要有一部手机和一台电脑，就可以开始写文章、拍短视频、做直播，等等。通过自媒体，分享自己的经验和思考，吸引更多的粉丝和读者。

第 1 章　筹备期，弄懂副业的底层原理

自媒体的兴起也为每个人提供了一个发声的平台。无论你是热爱写作、摄影、视频制作，还是对某个特定领域有深入的了解，都可以通过自媒体找到自己的定位。通过创建社交媒体账号，普通人也可以分享自己的专业知识、经验和见解，吸引志同道合的观众。

不过，想要在众多自媒体中脱颖而出，关键在于提供有价值的内容，并与你的受众建立起真实的互动。前提是你必须足够了解你的目标受众，深入研究他们的兴趣和需求，从而创作出能吸引他们的内容。

所以，不断提升自己的创作技能，注重品质和独特性，这样才能吸引更多关注。

1.1.2.2　深耕私域高利润产品

私域用户，就是你直接拥有的、可重复，低成本甚至免费触达的用户，如微信生态圈。我们可以通过朋友圈、私信和社群的方式，直接链接用户。

所以，高利润产品做私域是超高性价比的副业选择，因为在这个过程中，沉淀下来的人脉都是自己的。只要做好客户的转化链路设计，不断增强信任，粉丝基础少的也能获得变现多的结果。

而且随着你的影响力不断提升，用户就会把注意力锁定在你这里，这就是做私域的意义。相当于在一个存钱罐存钱，足额就能把钱取出来。

专注高利润的课程，也能让我们更有精力做好交付，而交付体验又是锁定用户信任力的关键。

1.1.2.3　打造个人品牌

个人品牌依旧是目前最有效的连接器和流量入口。说白了，个人品牌其实就是别人对你的认知是什么，别人对你的印象是什么，别人是怎么看你的，别人认为你拥有什么能力和品质，它是用来获得竞争力、影响受众的购买决策的。

在这个酒香也怕巷子深的时代，只有通过打造个人品牌让更多人认识你、了解你，从而信任你，他们才会选择购买你的产品或者服务。

做个人品牌的秘诀，就是要让用户始于颜值，陷于才华，忠于人品。因价值观的共鸣、人品的认可、价值的肯定而产生的信任和偏好，才是个人品牌最终的归宿。

1.1.2.4　寻找人工智能带来的商机

随着人工智能技术的不断发展，它已经成为当今最炙手可热的风口之一。

在 2022 年以前，人工智能离我们普通人还很遥远，只有科技、金融、生物制药等头部企业才能接触到，我们最多只用到"小爱同学""天猫精灵"，实现简单的语音预设对话而已。但是到了 2023 年，随着 chatGPT 正式公测，人工智能离我们普通人的工作、生活越来越近。

人工智能的发展，大幅提升了许多繁琐劳动的工作效率。现在市场上已经有许多关于人工智能工具的教程和资料，涵盖了诸如编写小说、制作 PPT、文生图、数字人等多种功能，其中催生了很多副业机会，只需要我们留心观察，必定能发现其中的商机，吃到红利。

1.1.2.5　抓住国学热潮

近年来，国学热不断升温，各种关于国学的书籍、讲座和课程也随之出现。国学是具有悠久历史和深厚文化内涵的学术体系，包括诸多方面的内容，如易经、兵法、道家思想、儒家文化等。

中华文明绵延数千年，优秀传统文化早已成为中华民族的基因，植根在每一个中国人的心中，潜移默化地影响着每一个中国人的思维和行为方式。所以，国学赛道也自然成为许多普通人展示才华和热情的新舞台。

以上是值得我们普通人入局深耕的五种副业。在我看来，它们都拥有一个共同点：**顺应当下的发展趋势。我们普通人都是在趋势上努力，被趋势之风带着起飞。**

以前很多人都觉得，铁饭碗就是在一个地方有口饭吃，永不失业。可如今时代变了，社会进步了，那种一成不变的铁饭碗早已不复存在。**现在的铁饭碗是走到哪里都有饭吃的能力。**不是死守在一个地方那么简单，而是真正抓住时代机遇，做对选择，做让自己不断增值的事，你的副业之路才会一路生花。

1.1.3　躬身入局，五种常见的副业类型

曾经听过这样一个问题，假设在某条水稻田埂路上，只能容纳一个人挑着担子通过，如果你恰好走在中间，这时候前后两个人都挑着担子，你该怎么办？

正确的答案是，你下到水稻田里，接过一个人的担子，让另一个人通过后，再把担子交给之前的这个人。

所以做副业也是一样，只有躬身入局，才是解决问题的关键。**因为想都是问题，做才有答案。** 那么，有哪几种常见的副业类型呢？

1.1.3.1　时间型副业，先上手做

时间灵活的副业适合大多数学生党和上班族，因为对个人的要求较低。虽然这类副业可能收入略低，但只要愿意投入时间，相信你也可以获得可观的收益。比如，做网络兼职、客服、社群助理等，这些副业没有门槛，不需要专业技能，只需按照指引操作即可赚取收益。

1.1.3.2　技能型副业，技能变现

这一类型的副业通常收入较高，但往往需要特定的技能。

比如，PPT制作，赚钱的方式很简单，就是帮助他人制作PPT。刚开始时，一页的报酬可能在20元到30元，熟练后可以提高到100元。如果你从未接触过PPT，可以在网上搜索一些博主的教程，用不了多久你就可以掌握。然后可以通过在猪八戒、微客等网站轻松接单来赚取副业收入。

当然，还有许多其他领域也有广阔的市场需求，如写作、绘画、制图以及修图等。如果你总是无所事事地刷着视频，为什么不将时间和金钱花在提升自己的技能上呢？这些技能将为你带来更多机会和更丰富的人生体验。

1.1.3.3　信息差型副业，敏锐抓住机会

这类副业通常需要你具备发现商机的敏锐眼光。一旦你能够通过信息差获得利润，相信你会对金钱和市场有着全新的认识。

比如，可以通过搜集学习资料、考研资料，以及各种资质考证所需的资料，打包整理后赚钱。赚取信息差的关键在于你获取了他人不知道的信息和价格差。而这些商机都是低成本的。

做这种类型的副业，关键是要多留意你身边经常被人提到的问题，别人的问题可能就藏着商机。

1.1.3.4 培训类副业，经验变现

比如做线上讲师、咨询师或顾问，这是一种通过分享自己的知识和经验来赚钱的副业类型。这类副业需要你在某个行业或领域中有一定的积淀，并且拥有把自己的经验或知识变现的能力。

你可以在喜马拉雅、得到等音频平台做付费节目，或者在知乎、简书等文字平台做付费专栏，在腾讯课堂、网易云课堂等视频平台做知识付费，这种副业的特点是收入稳定且可持续，而且可以打造自己的个人品牌和影响力，但是也需要不断地更新自己的知识和内容，以及与用户建立良好的互动和信任关系。

1.1.3.5 延伸类副业，补充主业

工作中掌握的某一项技能，我们可以通过接单的形式来进行赚钱。只要把自己的信息，展示在各种平台上就可以了，如画图类、设计类等。

这种副业类型的好处是，不但可以帮自己赚钱，还可以提高自己主业的业务能力。完全是一种双赢的模式，主副业两不耽误。

综上，副业是基于我们的兴趣、技术、才能以及能与主业相辅相成的一门职业，是我们能够长期坚持做下去的，并能给自己带来成长价值和经济收益。副业的类型多种多样，但关键是一定先行动起来，才能找到最适合的那一款。希望你也可以早日找到自己满意的副业，为生活增添一些色彩。

牛刀小试

（1）你有过想做副业的念头吗？又曾经尝试过哪些副业？

（2）看了本节内容，现在你的脑海中最想尝试的副业类型是什么？说说你的理由。

1.2 你的性格，决定副业之路的走向

问你一个问题："你喜欢现在主业的工作吗？你觉得自己擅长现在的工作吗？"

如果你的回答是既喜欢又擅长现在的工作，那恭喜你找到了可以发挥自己优势的工作。而如果你的回答其中一项或两项都是否定，那也不要担心，因为大部分人都是如此。

面对工作带来的压力、烦恼，我们或许都会经历迷茫期，就如同刚开启副业一样。

其实这一切迷茫都源于你对自己的不了解，当你知道自己的性格和兴趣适合从事哪个类型的工作时，你的副业大方向就会确定下来，这时候再沿着这个方向去寻找，就会轻松很多。

1.2.1 自我剖析，给你一款经典测评工具

副业的种类有很多，如何能够知道自己真正适合哪一种？

在这里推荐一款测评工具——DISC 模型，也被称为"人类行为语言"，是以美国心理学家威廉·莫尔顿·马斯顿博士的著作《常人的情绪》为基础，建立起来的情绪反应分析方法。

我们可以从 40 道选择题中，选出最符合自己性格的答案，然后记录下来，将最后的得分情况加总，得出结论。

DISC 测试的最终结果，从我们是"关注人"还是"关注事"，"动作快"还是"动作慢"的角度，将一个人的行为风格

划分为四种。

D：老板型/指挥者，类似拿破仑，表现为目标明确、执行力强、富于冒险精神。

I：互动型/社交者，类似克林顿，表现为热爱分享、性格活泼、幽默风趣。

S：支持型/支持者，类似《西游记》里面的沙和尚，默默挑担、温和有耐心。

C：修正型/思考者，类似比尔·盖茨，表现为标准清晰、追求卓越、严格谨慎、值得信赖。

通过这个测试，可以得出我自己属于S型人，性格特点是：善解人意、乐于助人、懂得控制情绪、善于倾听、有耐心，适合人力资源和行政类工作。

1.2.2 对号入座，选择你最适合的副业类型

如果你喜欢研究成功人士的成长轨迹，你会发现他们都有一个共同点：**成功的人不一定是最优秀的人，也不一定是最幸运的人，更不一定是最聪明的人，但一定是找到最适合自己位置的人。**

现在很多企业在面试之前都会进行性格测试，你的工作能力、技能、经验这些是可以后天积累的，而性格却是天生难以轻易改变的。

在选择副业的时候也一样，选择一个适合你性格的副业，你做起来才会更容易适应，这就像游戏里的属性加成。如性格乐观外向的人去演讲，大概率取得的成绩会比内向的人

要好。

接下来就根据这四种类型,逐一展开分析。

(1) D——支配型人

这类人喜欢工作内容充满挑战,希望有较大的工作权限,方便拍板做决策。喜欢制定战略、方案、行动步骤,但又懒得去执行。因为他们时常会投奔到下一个有挑战的工作事项中。

他们最喜欢对自己方案完全支持、全力配合的人。喜欢在高压、高效、高产出、高回报的团队中工作,喜欢坐火箭般的晋升速度。

这类人是天生的领导者,擅长向上沟通,善于发号施令。适合做团队领导者、管理者或创业者。

(2) I——影响型人

这类人喜欢新鲜有趣的工作。如果做一成不变的事,就会觉得无聊透顶。他们会把注意力放在过程上,至于结果,能够升职加薪固然很好;如果没有,能跟同事、领导相处不错,又发挥了自己的价值,也会很开心。

他们喜欢团队氛围轻松、有趣一些,受不了死气沉沉、一板一眼的环境。而且朋友多的他们,即便遇到不擅长的工作,也能够通过"软磨硬泡"的方式,找他人来帮忙。

但如果遇到不喜欢的工作内容,或者处于某个情绪期,那真是多厉害的本领都发挥不出来,一直沉溺在情绪里。对他们来说,隐藏自己的情绪是最难的事。

这类人适合选择沟通和对话交流较多的行业,而不是只跟机器打交道。适合从事客服、销售、讲师、演讲教练等职业。

（3）S——稳健型人

这类人喜欢日子过得四平八稳，千万别出现临时加班、突然投诉、下班后领导夺命电话等意外情况。

至于工作内容，无所谓喜欢不喜欢。只要不让自己拍板做决定，有人出方案由他来执行就最好不过，喜欢安静地做一个小透明。

最不喜欢有变故、有冲突的人生。不求出彩，但求不出错，是这类人的工作风格。交给他们的工作，基本不会出错。

这类人人际关系良好，待人真诚。适合从事行政、助理、顾问、老师等职业。

（4）C——谨慎型人

这类人喜欢一环扣一环的工作。如果这个工作没有设定流程，他们也能制造出流程来。如果被人催促进度，他们就会觉得压力山大，特别焦虑。

就像一座金矿，他们出金的速度虽然不快，但都是24K金。他们身上散发着光芒，让人特别崇拜。细致、有序、思考深入，事事求完美，万物达精致。

这类人适合发挥专长，深耕细作，如精算师、法务、程序员、会计师等。

通过性格测试我们可以先一步认清自己，找到最适合自己的副业方向，开启探索之旅。毕竟把自己放在合适的位置上，才能加速成长的步伐。

1.2.3 活出自己，如何放大个人优势

副业不是换个地方打工、消耗自己的价值，而是为自己重新设计人生，从而获得价值与幸福感。

对副业最正确的诠释应该是"热爱变现"。**做自己喜欢的事，顺便赚取一份收入，越活越丰盛，越干越轻松，越积累越富有。**

很多人想要发展副业，但是只有少数人可以真的找到理想的副业。因为大多人并不知道，自己喜欢什么，热爱什么。要怎么找到自己热爱的事情呢？

1.2.3.1 勇敢尝试，边尝试边调整

在刚开始的时候，我们可能不知道自己究竟适合做什么，可以尽可能多接触一些行业。这包括尝试不同的活动，去不同的地方，结识不同的人。让自己接触新的机会，并在不同的环境下对自己进行检验。

我的第一份副业源于自己对英语的热爱，所以成了线上英语课程推广者。虽然它与现在我的定位无关，但在尝试的过程中，让我积累了很多副业相关的经验，方便我在实践中不断调整自己的定位。

1.2.3.2 觉察自己，才能找到心中所爱

要了解自己做什么事情时是兴奋的，状态是轻松愉悦的。不断去觉察自己这种天生的热情，是打开我们热爱的开关。

在副业的道路上，我曾经尝试过销售产品，但是很快就放弃了。因为在做这件事的时候，我发现自己的内心并非真正热

爱，只是为了增加一份收入来源，也就很难坚持下去。

相反，我喜欢学习各种课程，并且热衷于分享知识和技能。在这个过程中，我还收到了大量的学员反馈，这些都给了我持续把这份事业进行到底的动力和决心。

1.2.3.3 打破成见，不自我设限

探寻自我的过程，可能会挑战他人对我们的固有认识。这是因为我们对自己的认识，往往会受到周围人的看法及社会文化的影响。

比如，那些内心觉得自己"不够好"的自我设限，认为自己学历不高、专业不精，准备不足等，要把它们狠狠甩掉。

因为一个人的副业发展拼的不是曾经的学历、过去的专业，而是活出充分的自我，打造自己的"个人的特色"。

当你打开各个自媒体平台也会发现，那些真正让人记住的博主都是各有特色的。他们也许没有高学历，但是有自己独一无二的搞笑风格；他们也许不是专业科班出身，但是会做出精致营养的早餐，成为优质的美食博主。

发展副业第一步最关键的，就是打破那些无意义的自我设限。用行动建立自信，在行动中看见自己。

我们可以从力所能及的小事做起，然后记录自己的成就日志，不断挖掘被自己忽略的天赋、特长与热情。久而久之，那些自我否定的观念也会不攻自破。**毕竟经营自己，才是你需要为之奋斗终生的事。**

牛刀小试

（1）在网上搜索"DISC行为风格测试"小程序，点击开始测试并且完成40道选择题。

（2）通过测试，你是哪一种类型的人？你适合哪种副业？结合书中所说，你适合的副业与你当下的副业选择又是否一致？是否能发挥出自己的性格特质？

温馨提醒：所有的测试结果只是为了给你启发，而不是做定论，请客观看待测试结果。

1.3 开启副业，必先植入的四大高手思维

如今，开启副业已逐渐成为很多人的共识。可是，我理解的副业思维并不是简单地找到并参与一份兼职，然后进行赚钱。

我会赋予它一种更广义的解释：除了你的本职工作，能为自己的职业和未来增强竞争力，降低风险的一切行为都属于副业（图1-2）。

它可以与你的主业相关并增强你主业的竞争力，也可以不相关，但是必须有实际价值。它是你人生的 Plan B，是对你人生的一种风险对冲，也是一种杠铃配置。

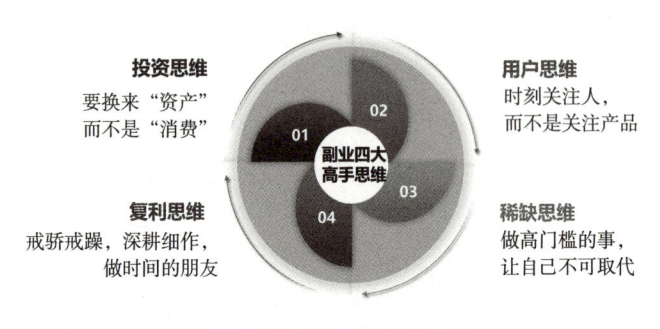

投资思维
要换来"资产"
而不是"消费"

用户思维
时刻关注人，
而不是关注产品

副业四大高手思维

复利思维
戒骄戒躁，深耕细作，
做时间的朋友

稀缺思维
做高门槛的事，
让自己不可取代

图1-2　副业的四大高手思维

1.3.1 投资思维，副业换来的是"资产"而不是"消费"

我一直觉得，关于副业最大的误区就是：副业＝兼职。

所谓兼职，是在下班后抽出业余时间再打一份工，以获取额外的报酬。因为兼职，依然是你在用自己的时间换钱。

真正的副业，应该是"投资型思维"。

投资型思维和消费型思维的不同在于：只有消费思维的人，倾向于购买"债务"，换来持续的现金流出；拥有投资思维的人，会选择购置"资产"，换来持续的现金流入。

只有消费思维的人，学习时只关心炫耀和体验价值，学完即忘；拥有投资思维的人，学习时更看重结果和学后回报，注重脚踏实地。

乒乓球世界冠军邓亚萍，因为对乒乓球事业的热爱，获奖无数。在14年运动生涯中，她力争在速度上比别人快，在能力上比别人更强。也正是这份努力，弥补了她身高上的短板，让她练就了非凡的实力。

退役后，邓亚萍没有留在运动场，而是将以往的成就翻篇，到大学读书学习，一切从零开始。她努力尝试和学习新的内容，毕业后，她继续深造，最终取得了剑桥大学博士学位。

无论是生活中还是职场中，能力永远是硬道理。愚者求人，智者求己。想要获得什么，自己就得有与之匹配的能力。

在我们还没有足够好的时候，把更多的时间放在修炼自我上，放在打磨沉淀上，放在提升进阶上。

人与人之间的差距，就是在日积月累中形成的。这个世上，唯一永赚不赔的投资只有一个，就是投资你自己。

1.3.2 复利思维，副业不是一夜暴富而是深耕细作

你是不是经常看到这样的广告："副业小白实战变现营，30 天让你月入过万""21 天，零基础小白写作变现"。

但是在这里，我可能要给你先泼盆冷水。因为副业确实可以赚钱，但绝不会让你一夜暴富。这是一件需要长期沉淀，并且需要不断学习，才能越做越好的事。

巴菲特曾说过："赚钱的逻辑很简单，只是很少有人愿意像我一样慢慢变富。"所以，没有人可以随随便便成功。

我们都知道金子会发光，但大部分人都在想怎么发光，很少有人会想如何成为金子。三分钟的执行力不如细水长流的坚持。

就拿坚持日更朋友圈来说，看起来并不算难事，但是依然很少有人持续每天不间断，把这件事做到极致。

做副业最重要的就是要让自己不断增值，提升成长速度。所以，要把眼光放长远，找到能给自己带来复利效应的事情。在这个渴望速成的时代，答案无非是做一个真正的长期主义者，找准自己的领域，但行好事，莫问前程。相信经过时间的打磨，我们终会闪闪发光。

1.3.3 用户思维，副业不是以产品为核心而是以人为本

新手做副业，很容易面临一个难题，就是看不到用户，容易"自嗨"。因为传统企业在没有遇到互联网之前，大多是一锤子买卖，产品到了消费者手中，交易就结束了。

可是，随着互联网的兴起和发展，买卖关系在逐渐改变，从消费者收到产品的那一刻开始，买方与卖方的关系也才刚刚开始。

尤其是产品越来越同质化的今天，我们一定要把"卖货思维"转变为"用户思维"。用户思维就是要知道你的用户是谁，他们有什么痛点，如何想办法去解决这些问题。

《认知觉醒》这本书中写道："一旦我们把视角从'我想要'转到'我能给'的时候，很多浮躁、妄念就会马上消失。"当我们开始思考做什么事能够给他人带去价值的时候，自然就会看到一个新天地。

赚钱的本质就是利他。你所赚到的每一分钱，都是帮助他人解决问题后的回报。当我们开始延伸财富的边界，视野也会变得更加开阔。

1.3.4 稀缺思维，把副业变成"富业"

很多时候，我们会觉得自己赚钱很难。但又看到有些人每天喝喝茶、健健身，偶尔聊聊项目，轻轻松松就把钱赚了。

假如你是送外卖或者送快递的，也许一个月勤快点也能赚个六七千元，但是可替代性太强了。因为别人看到收入不错，也会跟风过来做，原有的利益就被瓜分了。

我的一个同事小 C，曾经经历了一次割韭菜式的副业。她工作清闲，收入不高。由于受不了微商朋友圈里"财源滚滚"的诱惑，她毅然交了 5000 元货款，加入了团队。入行后她才知道，朋友圈里的"收款记录"和"喜提宝马"，不过是团队的刷屏模板。三个月的勤恳刷屏,她非但没卖出去几单货,反而被 n 个好友拉黑。

而真正想要在副业上拿到结果,就要拥有稀缺思维,不能一直停留在低门槛的行业和岗位,而是让自己变得不可替代,做点有门槛的事业。如技能型副业、资源型副业都有壁垒,持续在某一领域深耕,拥有他人一时半晌无法拥有的资源,才能让自己无法轻易被他人替代。同时,我们也要懂得把自己变成稀缺资产,真正的副业其实是经验的积累、智慧的升维、格局的提升、认知的跃迁。

最后,一份成功的副业可以让你在激烈的社会竞争中游刃有余,拥有更大的选择空间。所以请慎重选择你的副业,一旦选择,就脚踏实地努力去做好。

牛刀小试

看完以上内容,你觉得在精进副业的过程中,是否在践行投资思维、复利思维、用户思维和稀缺思维?如果不是,你觉得应该怎样调整?请写出在最近 3 个月内要调整的 3 个要点。

(1) _____
(2) _____
(3) _____

1.4 案例拆解：你适合做副业吗

全民副业时代，看起来机会很多，但是踩坑的也不少。有很多小伙伴告诉我，好不容易主业赚点钱想去做副业，可结果不是囤货充值，就是花钱投资。

其实，任何项目都不可能适合所有人，那么如何判断自己是否真正适合呢？

1.4.1 利他特质，让她赢在了起跑线

韩韩是我的培训班学员，一个很特别的"80后"，用她自己的话说，就是摸了一手烂牌，却越打越好。跟她朝夕相处了两年多，我发现她身上有一种特质，而这种特质，让她赢在了起跑线。

她的前半生，过得很自卑，在父母的争吵声中长大，毕业于普通院校，好不容易工作之后攒了点钱，又踩了雷，原本以为可以干到退休的主业，又因为种种原因岌岌可危。

她说特别庆幸在四年前就开启了副业，让自己在主业之外，有了更多的人生可能性。她的副业，是通过传播原生态水果和大健康产品，影响人们远离农残和添加食品，从而提升人们的健康和食品安全意识。

虽然她对副业有足够的执着和热情，但是因为没有方法，也不懂营销，刚开始的时候，进行得并不顺利。最多的时候，

她一天可以发将近100条朋友圈，但是成交却寥寥无几，甚至连咨询的人都没有几个，直到她加入了我的培训班……

其实，她找到我的时候，我特别意外，因为我知道她的副业客单价很低，赚不了多少钱。但是她很坚定，说她相信我和我的这套方法，可以帮助她把原生态水果和大健康事业做得更好，真正帮助到更多人。

加入培训班以后，我发现她听课特别认真，每次都会做满满的笔记。因为每位学员我会手把手一个字一个字地改文案，帮她们纠正问题，再加上她自己极致的用心，所以进步得特别快，在跟我学习了半个月的时候，就有人追着她开文案课了。

她不但快速招收到了学员，还接到了五位数金额的大单，为客户操盘朋友圈布局。她把我教的社群课和朋友圈布局两个绝活，用到了副业上，仅靠一个单品的销量，就从月入2000元到月入9000元，最后一路飙升至月入20000元。

我真的为她感到开心，我觉得她的改变，除了用对方法外，她的人格魅力和利他的发心，也起到了至关重要的作用。她经常自掏腰包，处理水果的售后问题。只要客户有需要，她就会站在对方角度，提供极致的服务。

所以，我一直告诉我的学员，发心对了，再加上我们这套无痕成交方法，你一定会遇见越来越好的自己。

《礼记》里有这样一句话：君子贵人贱己，先人而后己。越是大格局的人，越懂得为他人着想，越具备利他思维。因为利他，就是最好的利己！

1.4.2 副业有门槛，这三类人群不适合入局

在这个时代，做副业已经不是什么新鲜事了。但请相信，无论在什么时候，真正能拿结果的并非所有人。

做副业九年来，我目睹过很多人抱着一腔热情开始，但遇到各种困难后都无疾而终，最后带着不甘匆忙离场。那么，究竟哪些人不适合做副业呢？

第一类，只是抱着试试的心态，耽误的是自己

想要做好任何一件事，抵达终点最远的弯路，就是用"试一试"的心态去面对。

我做副业的起心动念，就是为了突破自己，挑战舒适区。从有这个念头开始，我就抱着全力以赴的心态，每天不间断坚持学习新的商业知识，每天持续在各个社群做分享，做好学员交付工作。

只要答应学员的事，哪怕自己临时有突发状况，都不会影响我的状态和交付，我以100%的热情投入副业，而不是浅尝辄止。

有一些小伙伴，也曾兴致勃勃地想要开启副业，可是没过几天，又觉得每天写朋友圈，还要学习很多新知识太麻烦。

其实，无论是主业还是副业，都是我们的事业，需要我们认真用心对待。如果你只是抱着"试试"的心态，那么劝你不要开启副业，因为一定做不成。

第二类，不好意思谈钱的人，何谈变现

你发现了吗，那些做副业赚到钱的人，都在大大方方地

谈"钱"。

稻盛和夫也说过："**不谈钱的人，永远不会成熟，口口声声说钱不重要的人，一般有三种：一种是真有钱；一种是没尝过缺钱的苦；还有一种是为了掩饰自己赚不到钱的无能。**"

别觉得谈钱俗气，也千万不要认为谈钱是所有矛盾冲突的来源。相反，它是我们付出了心血的回报。只有谈钱，才能看清楚一个人的人品。

你对待金钱的态度，往往与生活态度、成熟度息息相关。如果你没有赚钱的欲望，那劝你不要做副业，否则只会浪费时间，徒增烦恼。

第三类，执行力不足的人，积累不够，结果不出

很多人都潜意识地把副业当作是一个避风港，看到"简单易上手"五个字，就立刻心动了。抱着"主业做不好，那我搞个副业赚点钱"这样的简单想法。

可不管想要做成什么事情，但凡想要得到不错的结果，过程肯定不会太容易。这个时候执行力就显得尤为重要了。

假如你经常三天打鱼两天晒网，想干就干，不想干就摆烂，那 99% 是挣不了什么钱的。因为副业不用受人约束，没有外在压力，想做到什么程度，付出多大的努力，都只在你的一念之差。

如果你没有长期主义的准备，只想一夜暴富或者只是抱着"玩玩"的心态，甚至没有赚钱的欲望，劝你不要轻易开始做副业。

毕竟不管你选择什么样的副业项目，都需要先付出足够多

的努力，才能最终开花结果，因为成功并不是偶然事件。正如《道德经》里一句非常经典的话："将欲取之，必先予之。"所有看似从天而降的幸运，都不过是厚积薄发的结果。

牛刀小试

如果你要开启副业，你觉得应该调整哪些心态？

第 2 章　起步期，如何开启副业

你是不是也曾抱着满腔热情，投身副业，加了不少社群、知识星球，也买了不少专栏、课程，参加了各种小项目。每天像海绵一样，努力疯狂地吸收，刷社群消息、刷星球帖子、刷朋友圈、看专栏课程、看项目任务。

持续一段时间后，你发现信息、知识多到根本看不完，每天消耗很多时间、精力，感觉很累，然而自己该做的事情没有行动或者做得不够好，还容易陷入焦虑。

我想每个副业新手都有这个必经阶段。那么普通人到底应该做哪些事，才能真正利用有限的下班时间，闯出属于自己的一片天地？

2.1 主动出击，赢在副业的起点

随着职场环境的变化，我们不得不面对一个现实：单一的收入来源已不足以支撑我们的未来。所以，副业不再是锦上添花，而是成为一种必要的风险分散和收入补充手段。但是，副业之路并非一帆风顺。

很多人在尝试进入这个领域时，往往会感到迷茫和无助。回想九年前的自己，在萌生了想做副业的念头后，我也曾一度感到特别迷茫，因为完全不知道从何入手，也不知道自己究竟适合做什么。我买了很多书，也曾经疯狂报课，但是依然觉得越学越焦虑。

九年后的自己，在辗转了多个副业项目后，我无比清楚自己想要过怎样的人生。所以，这一切都是不断尝试和自我精进的过程。

想要开启副业的你，究竟如何开启副业变现的第一步，这里给大家推荐三个实用的方法。主动出击，我们就能在副业之路上乘风破浪。

2.1.1 三大方法，助力副业扬帆起航

方法一，从"开眼"开始，加入副业创业圈子

如果你是一个副业新手，那么第一步要做的事情，就是"开眼"。我始终相信，一个人没办法成为我们自己都没见过的

人的样子。

比如上大学的时候，我们眼中的副业可能就是端盘子、做家教。后来互联网盛行，才知道了自媒体写作、短视频创作、打造个人IP等。每一次思维上的升级，其实都是因为"开眼"。

很多时候，不是我们不努力、不勤奋，也不是不聪明、不动脑……仅仅只是因为我们眼界有限。所以，"开眼"是起点。

那么如何"开眼"，我认为最有效的办法就是加入优质的圈子，结交同频的高手。因为有价值的信息只会在同频的圈子里流通。如果我们能够进入到这样的圈子里且浸泡其中，我们的思维和视野必然会渐渐打开。

我自己之所以开启个人品牌创业，也是因为加入了高手的圈子，见证了它的神奇魅力。在我加入的社群里，有财务自由的独立投资人、资深连续创业者、多本畅销书作家、百万粉丝博主，他们都让我看到了人生的更多可能。

在我看来，个人品牌的底层逻辑是一种"人人可为"的商业模式，意味着每个人都可以成为自己人生的设计师。

进入这个神奇的赛道之后，我也开始了一路狂奔的逆袭之路，结合自己对于文案的热爱，第一个月就打通了个人定位、产品设计、发售成交整个流程，成功招募到了自己的文案学员，拿到了远超主业三倍的收入。最重要的是，在交付中赢得了不少正向反馈和好评，让我对这份事业更加充满热忱。

我们并非生来就拥有非凡的力量和卓越的远见，而是看过多样的世界，才知道自己真正想要什么样的生活。

方法二，从爱好中延展，把兴趣变产品

我的第一份副业是英语课程推广，起因仅仅是自己喜欢学习英语，所以我加入了很多打卡社群。在社群里又看到兼职的招募信息，当时的我心想，这份副业既能给我创造更多学习的机会，还能多带来一份收入，于是就毫不犹豫地报名了，没想到一路逆袭成为销冠。

如果你还不知道从何入手，与其盲目地去追各种风口，不如先从自己感兴趣的领域开始，也就是尝试着把一个兴趣或者爱好变成产品或者服务。

我有一个朋友晶晶，在宝宝出生之后，报了产后瑜伽班来帮助自己恢复身材，因为她特别喜欢瑜伽，经常和老师交流经验，讨论科学健身和营养餐的制作。于是，老师就主动地邀请她担任下一期的助教，后来她积累了足够的经验，升级成了一位正式的产后瑜伽老师。

我在起步期也曾经担任过各种课程的助教、社群运营等，积极帮助老师一起完成教学任务，这些经历都让我积累了丰富的经验，副业之路也因此越走越顺畅。

方法三，向平台借力，快别人一步成功

在数字化时代，平台资源突破了时间与空间的限制，成为推动社会发展的关键要素，利用平台资源也成为许多人迈向成功的关键策略。它们像一座座桥梁，连接起梦想与现实，让我们有可能成为人生赢家。

当我们在副业的起步期，个人影响力还不足的时候，借势、借力、借平台，意味着利用平台的影响力、网络资源和用

户群体优势，获取更大的回报与成功。

比如，利用电商平台的流量和品牌认知度，创业者可以快速推广产品并实现销售增长；借助社交媒体平台的影响力和社群互动，个人可以建立个人品牌和影响力；吸收在线教育平台所提供的学习资源，能够提升自己的技能和知识等。

我自己在起步期，也是通过服务在线教育平台，获得了副业的第一桶金和相当数量的人脉积累。在这个阶段，我把自己的精力都用于服务好平台的学员，经常回复信息到深夜，没想到正是因为这样的工作态度，让即使内向的我也赢来了属于自己的副业高光时刻——蝉联销冠。当时，创始人特别为我做了独家专访，刊登在多个公众号最醒目的位置。

一夜之间，我成为整个平台的焦点，每天都有很多学员慕名而来。这不仅让我收获了荣誉和掌声，还大幅提升了我的销售和运营能力，因此我也看到了自己的另一种可能。所以，选对平台、向平台借力，会让你的事业轻松起步，事半功倍！

我发现，在副业这条路上，很多人并不是吃不了苦，只是没有方向感，不知道做什么适合自己。我想最终答案一定掌握在我们自己手中，毕竟只有开始了，你才会离目标越来越近！

2.1.2 三个"1"起步，在事上练手感

如果你在副业方面没有过多的经验，就特别容易踩坑。因为大多数时候我们看到别人赚钱了，就容易萌生我也想做的想法，这种试一试的动机很多时候无法持续，一旦我们经历挫折，就容易想要放弃。

现在网络上的各种副业机会也特别多，没有相应的认知和经验的话根本无法轻易做出选择，还很可能会选择错误的路线，偏离了自己原来的航向。所以，我们应该以终为始，在学习和实践中不断提升自己的认知。

2.1.2.1 从"1个副业"开始

有很多斜杠青年，身兼数职，同时做好几个副业，但是我非常不建议大家同时做多个副业。我们可以逐一尝试多个副业，但在起步期最好只选择一个你认为最有前途的副业，猛火强攻，先尝试把它做起来，再考虑做其他的。

因为同时起步多重副业，会大量消耗你的精力。毕竟受到主业的影响，其实留给我们做副业的时间并不多。

所以，一定要学会坚持"1个副业"的原则。这样才可以把自己全部的时间投入其中，专注优化这个副业，不被别的东西干扰。

2.1.2.2 从"1小时"开始

曾有很多人问过我这样一个问题："我想做副业，但我没有时间，怎么办？"

我想这恐怕是每个新手开辟副业时，百分百会面临的问题。因为需要兼顾主业的我们，每天能做副业的时间其实并不多。我有一个建议是每天挤出1小时。

早上早起半小时，晚上晚睡半小时就行。但是你必须放弃一些娱乐和休息时间，这是做副业必须做的牺牲。从每天1小时开始，在这个时间内，只做副业。而且以这个时间作为底线，只管完成你的任务，无论结果如何。

以我自己为例，在起步阶段，我会利用每天晚上下班后的 21 点至 22 点这个时间段深耕副业，学习相关的知识和技能。后来经过不断调整，才慢慢地挤出了更多时间给副业。

请相信时间就像海绵里的水，只要肯挤，还是会有的。

2.1.2.3 从"第一个 100 元"开始

很多人做副业，总想从月入过万元开始，于是就开始在网上搜索"干什么副业能月入过万元"。

虽然收入是衡量副业是否成功的一个重要指标，但对于所有想要从零开拓副业的朋友，我希望你能记住这句话："在很长的一段时间里，你可能会分文不赚。"

因为副业的变现，往往需要经过一段时间的积累。所以我们第一个要思考或者提出的问题，不是如何从 0 到 1 万元，而是如何从 0 到 100 元。

当然，也别把变现这件事看得太复杂，能变现的不仅仅是课程或者书籍，哪怕分享经验，为他人打通卡点也属于副业，也完全可以收费。

最后，副业的开辟绝不是一朝一夕之功，这才是绝顶的成事心法：不贪求暴富，只求脚踏实地慢慢积累。因为所有美好的事物，都值得等待。

2.1.3　一张清单，手把手带你绘制副业幕布

在这个竞争激烈的时代，每个人都有机会通过副业实现额外的收入和个人发展。但是，对于任何副业的成功，都需要充分的计划、分析和实践，以及积极的行动和持续的努力。

现在你已经了解副业起步的方法，那么接下来又应该怎么做呢？

我的建议是：多给自己一些时间，"大胆尝试"，要有不放弃的试错思维。害怕失败是人之常情，但是因为害怕而放弃，那么就会阻碍自己，会让自己一直都原地踏步。

在副业的道路上，多数人的选择都是先学习，但是你会发现有些小伙伴永远都在学习，却不去行动和实操。其实，真正有效的办法是直接开干，即使犯错也要行动，因为只有在干的过程中，你才有机会明白错在哪里，自己需要在哪里改进。

接下来，让我们一起按照以下六个步骤实操起来，描绘出属于你的副业幕布（表2-1）。

步骤一，确定你能提供的价值

当我们找到一个自己感兴趣的领域，在该领域你过去本来就有积累的专业知识和能力，接下来就要明确你能给用户带来什么价值。

比如，你是一位摄影师，那就需要确定，你是为用户代拍优质的作品、提供摄影技巧的辅导，还是为用户推荐专业的设备，这些都可以是你参考的方向。如果你是一位文案达人，那么可以为客户代写商业文案、提供项目运营或者操盘服务，又或者是相关技巧的教学辅导等。

步骤二，确定服务对象

也就是找到目标用户，了解他们的核心痛点，用你的服务去解决这些问题。

比如，专业摄影师的目标用户可能是希望提升给女朋友拍

039

照能力的男生；希望提升取景构图技巧的业余摄影师；想要拿到独一无二高级产品图的品牌方。

文案达人的目标客户可能是想提升业绩的企业老板、想寻求人生更多可能性的职场精英、想学习一技之长的斜杠青年，或者是不甘于手心向上的全职宝妈。总之，我们要针对不同的用户需求提供不同程度的服务。

步骤三，确定变现方式

变现方式多种多样，主要分为线上、线下或者两者相结合。可以是录播教学课程、组织线上训练营、线下一对一指导服务等，需要根据不同的业务场景来确定。

步骤四，确定产品价格和服务周期

我们可以通过上网搜索、咨询专家、加入相关社群等方式，参考市面上同类产品或者服务的定价情况，为不同项目制定不同的价格档次。

如果是知识类产品，课程的定价高低主要取决于老师的知名度，课程内容的深度、完整度和稀缺度，目标学员的消费能力以及提供的课程配套服务等。

如果是纯录播课程，刚开始时定价一般在 100～300 元比较合适，包含 10～20 节课程。如果是线上训练营，除了有直播课，还有一对一作业点评、社群答疑、实操打卡等服务，一般在千元左右，服务期在一个月内。如果是一对一私教陪跑服务，由于提供定制化的教学计划和指导，所以收费可在万元以上，服务期为半年或者一年。

步骤五，确定客户来源

所有的生意，都离不开流量。我们可以通过持续在各大主流社交平台，输出用户关心的内容来完成引流的动作。这是一种亲测最为高效的引流方式，形式可以是图文、视频、直播等。

步骤六，跑通第一个 MVP 产品——最小可行性产品

不要着急开发全套产品矩阵，可以先做一个 MVP 产品。也就是说先用最小成本，做一个核心功能，在市场上验证一下，看看你的产品，到底有没有人愿意买。然后再根据用户反馈，增加更多功能，提升用户体验，扩大用户范围。

比如，可以是 30 分钟的一对一语音咨询，这样的产品交付相对简单，更适合新人上手。

无论选择什么样的副业，提升相关技能都是至关重要的。技能的不断提升不仅可以提高你在所选领域的竞争力，还能够增强你的自信心和专业性。投入时间和精力去提升自己的技能，将为你的副业之路奠定坚实的基础。

当我们验证完副业产品，之后就是持续打造影响力。在这个时代，再小的个体也有自己的影响力，当你主动地分享自己的生活、感悟和观点的时候，一开始你收到的反馈可能不会太多，但是慢慢地，大家就会给你贴上某某方向的标签，有需要的时候自然会第一时间想到你，这就是打造个人品牌的魅力。

表 2-1　副业变现操作清单

副业变现操作清单		请结合实际，梳理您的副业情况并填写以下内容
步骤一	确定自己能提供的价值（从自身知识体系、热爱的领域倒推出来）	
步骤二	确定服务对象（他们到底是谁？他们的痛点是什么？）	
步骤三	确定变现方式（一对一私教、训练营、咨询、线下课、带货等，可以跟其他老师合作，或参与其中当助教、运营官等）	
步骤四	确定产品价格和服务周期	
步骤五	确定客户来源（自媒体平台、私域、社群等）	
步骤六	跑通第一个 MVP 产品	

通过以上六个步骤，普通人完全可以成功开启自己的副业生涯，为个人未来的成长和发展找到更多可能性。这六个步骤，更详细的拆解内容，我们会在本书的第 4 章打造个人品牌的部分，为大家做介绍。

牛刀小试

（1）本节介绍的开启副业的方法，你会选择哪一种？请说说你的理由。

（2）请根据本节的内容，描绘出属于自己的副业幕布，填写在表 2-1 中。

2.2 瞄定销售，寻找副业的切入点

作为一名资深"副业老司机"，周围很多人曾经问过我："想做副业应该先学什么，才能让自己快速上手，从而轻松赚钱？"

如果非要我推荐学习一项技能，我一定推荐：销售。这是一项离钱最近的技能。上面我们讲到第一个 MVP 产品的打造，打造完之后就是把它卖出去，并且想办法将其卖爆。

2.2.1 销售为王，人生处处进行着销售

很多人提起销售，第一反应就是卖房的、卖产品的，推销贷款的。事实上，销售是一项综合性技能。

仔细观察，我们的生活中无处不进行着销售活动，因为销售是一个分析需求、判断需求、解决需求、满足需求的过程。

比如，我们到一个新的环境，进行自我介绍，就是对自己的一种销售；在工作中进行商业谈判，就是在向与会者销售自己观点的过程。

我在副业的道路上，能够一直辗转几个项目取得成果，很大程度上是因为我的第一份副业是课程销售。

当时，我需要每天和上百名学员打交道，回复他们的信息时常忙到半夜，甚至过马路的时候，也在拼命敲打着手机按键。也正是这段时间的积累，让我的销售能力、沟通能力和表达能力都有了明显的提升，这些都让我在后面的副业旅程中，

聚集了足够的经验和优势。

2.2.2 五大优势，让你离目标更近一步

很喜欢稻盛和夫的一句话："唯有读书和赚钱，才是一个人最好的修行，前者使人不惑，后者使人不屈。"

可是，赚钱能力学校不教，社会不教，只能靠自学。而其中，能真正长期致富的事——就是销售。销售，是所有人致富最好的选择。销售的五大优势如下。

优势一：销售，让你的收入无上限

如果在技术岗位，很多人大概率会遇到职场天花板，到了一定高度，收入很难再提升。

如果从事服务行业，很多人也会发现自己的报酬和收入不成正比。就拿餐饮行业来说，每天工作14个小时，但是收入是有限的。

可是做销售的收入跟你的业绩成正比，你有多大能力，就能获得多少收入。所以，按照投入产出比来说，做销售的投入产出比是最高的。

优势二：销售，让你的抗压能力更强

很多人畏惧做销售，最大的原因就是"经常要被客户拒绝"。但是，李嘉诚曾经说过："我一生最好的经商锻炼是做推销员，这是我用10亿元也买不来的。"

人们看到的永远是排在福布斯富豪榜上的李嘉诚，却不曾了解他这一路走来，销售带给他的历练。曾经的他同样被客户多次拒绝，但最后却能绝地逢生，拿下订单，背后离不开他自

身强大的心理素质。

被拒绝在所难免，这个过程本身也是通往卓越销售的必经之路。而你的内心也会因此越来越强大，越来越有底气。

优势三：销售，带你理解真正的需求

最睿智的销售，一定不是总想着卖，而是盯着客户的需求。因为用户买的从来不是产品，而是解决某个问题的需求。

在销售过程中，倾听和观察是抓住客户内心的捷径。我们要耐心倾听对方的讲述，站在他们的立场思考问题，关注他们的需求、问题和疑虑，从而更好地理解客户的内心所想。

这个过程也能让销售人员提升用户思维，掌握洞察人心的技巧。

优势四：销售，见证个人能力的提升

做销售，意味着要经常接触不同性格、不同职业的人，因此对个人的专业能力、综合能力和知识储备都有很高的要求。

如果无法和不同的客户聊他们所关注或感兴趣的内容，所有的努力就会前功尽弃。

在瞬息万变的销售环境中，持续学习不仅仅是一种选择，对于那些渴望提升销售能力的人来说，也是每天要做的必不可少的功课。

优势五：销售，给你面对变化的勇气

董明珠36岁才来到格力公司打工，既没有学历和人脉，也没有所谓的年龄优势。从基层的业务员做到格力电器的董事长，这很大程度上得益于她曾经的销售经历。她36岁时才选择做销售，面对挑战和变化，她有压力有忧虑但从没有退缩。销售经历让她打破了很多的"自我设限",多了面对挑战的勇气和策略,因此才能带领格力突破一个又一个不可能。

当你拥有面对挑战和变化的勇气,那么那些所谓的成就和财富就是其必然的产物。挑战、失败和改变本身不可怕,可怕的是你早已失去了面对它们的勇气。

销售这个职业往往让人"又爱又恨",却是提升收入、培养客户思维和抗压能力、见证自我能力成长最快的方式(图2-1)。

销售五大优势

收入无上限:投入产出比非常高

勇敢面对变化:不惧变化的从容和勇气

强大的抗压能力:让你内心强大,反脆弱

真正理解需求:贴近用户、理解用户、洞察人心

见证个人能力:持续强化个人综合能力

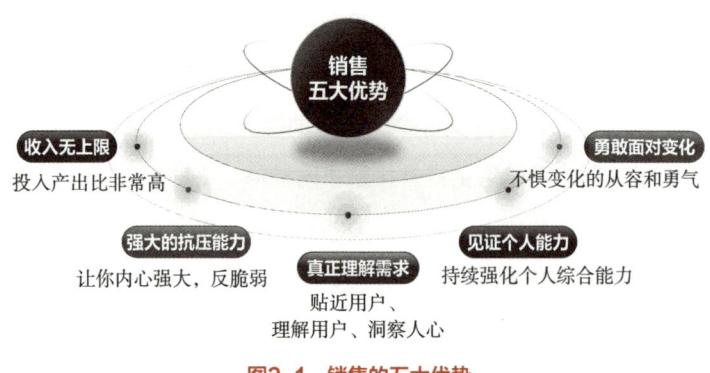

图2-1 销售的五大优势

2.2.3 销冠心法,从小白开启夺冠之路

销售,绝对是炼金石一般的职业。最终能否成交,不只是考验一个人临场的瞬间反应,它更需要平日里厚积薄发的铺垫和积累。

曾经的我，是一个内向自卑的女生，畏惧和陌生人接触，甚至说话都会脸红。可是当我在线上开启副业时，特别想要尝试突破自己的舒适区。于是，看到有人招募销售，就毫不犹豫地报名了。虽然我不擅长言辞，但也凭借自己的努力，一步步从小白开启夺冠之路。整个过程我特别想分享三个销冠秘诀。

秘诀一：**销售不能骚扰客户，而是为其提供价值**

相信大部分人都会收到各种促销短信和推销电话，并且不胜其烦。而我自己在副业的道路上，从来没有主动私信过任何一个客户，都是对方主动跑来报名课程。

我始终相信：销售不能骚扰客户，而是要为客户提供价值。如果客户不需要，就不要轻易打扰。

秘诀二：**销售不是卖产品，而是陪伴用户的过程**

成交永远不代表销售的结束，而是另一个开始。

无论是卖英语课还是卖文案课，我都会把自己大部分的精力放在用户的交付上，让他们有超值的体验感。

因为销售就是价值的交换，当你提供的价值远远超出产品本身的价值，客户觉得和你交易不但满足了需求，而且有意想不到的"惊喜"，他必然会更加信任你。

秘诀三：**销售不是玩转营销技巧，而是学会利他**

开启副业九年，我一直坚信真正的销售不是玩转套路和技巧，而是从心出发，先为客户付出，也就是拥有"利他思维"。

真正的利他是无我的，是真心为对方着想。不管用户有没有接受你的建议，哪怕接受了你的建议，却没从你手上买，你都能坦然面对、坦然接受，对方受益了，你为他感到高兴，这才是真正意义上的利他。

请相信，没有一朵花，从一开始就是绽放的，坚信相信的力量，一切从相信开始，努力尝试，你就会看见奇迹！

牛刀小试

（1）你觉得做销售，必须具备的能力和素质有哪些？

（2）回顾一下，你在生活和工作中向他人销售或他人向你销售的经历，写下一个成功的案例并结合本章内容来思考，自己或对方都做对了什么？

2.3 被动销售，从心出发做有温度的事业

相信我们大多数人都有被陌生推销短信、微信、电话频繁打扰的经历，在打开电视看剧前一定会有一段广告；使用一款App，一打开就会有开屏广告；在刷短视频正起劲时也会突然弹出广告等，对此，广大用户已经变得非常麻木。

90%的人做销售，都倾向于把自己主要的精力花在成交客户上，而且绞尽脑汁，各种"围攻"，对待客户不惜死缠烂打，但是效果却微乎其微。

所以，我们若想真正获得用户的青睐，就不能成为只发硬广的机器，而是从心出发，做有温度的销售。

做副业九年，我从不会打扰和私信任何人，而是选择深耕自己的能力，输出真正有价值的内容。结果90%的用户都是看了我的朋友圈、公众号、书籍以后，二话不说主动付费。

这是因为我一直相信，一个聪明善良的销售，不应只是追求利润的机器，更应是以人为本，先为用户提供价值，让他们感受到温暖和关怀，下面我会为大家拆解三个简单好用的方法（图2-2）。

被动销售三步法

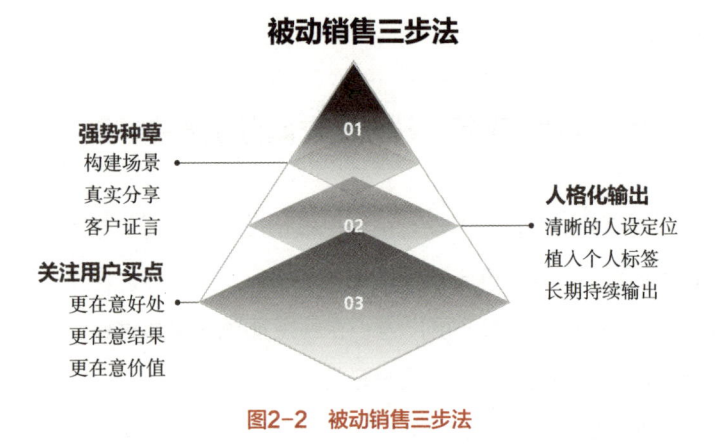

强势种草
- 构建场景
- 真实分享
- 客户证言

人格化输出
- 清晰的人设定位
- 植入个人标签
- 长期持续输出

关注用户买点
- 更在意好处
- 更在意结果
- 更在意价值

图2-2　被动销售三步法

2.3.1　种草营销，构建真实的用户场景

不知道你有没有发现，现在大多数人对于朋友圈中的产品广告，越来越免疫了，硬广只会激起用户的防御和厌恶。

而"种草营销"，是指用户在浏览你分享的内容后，不自觉地被吸引或着迷，对某种产品产生兴趣或欲望，主动想要了解并下单。如何才能达到这样的效果呢？

2.3.1.1　植入场景，勾起用户的欲望

如何让"硬广"变成"软广"，最简单的一招就是植入具体的生活场景，让用户看了有一种触手可及的感觉和想要拥有的欲望。

举个例子，假如你是卖鲜花的。如果你只是近距离地拍照，没有营造任何的场景，那么它就只是鲜花而已。

你可以换一种思路，把玫瑰花摆放在你家的桌子上，又或

者是放在浴室的台面上，打造一种浪漫的氛围感。用户看到这样的场景，就会很容易代入自己的生活中。

当你学会植入生活场景方式，通过价值输出和视觉呈现展示你的产品，就可以让用户自然而然地被你吸引，下单就是顺其自然的事了。

另外，不同的受众人群，对生活场景的需求也不同。比如，女性更喜欢温馨浪漫的家庭氛围，而男性可能更喜欢运动健身的生活方式。因此，你需要足够了解你的目标受众，才能够更好地营造出他们真正喜欢的生活场景。然后在客户会使用你产品的时间段，发布同样的图片和文案，这样同步的信息触达，能够更好地引起共鸣。

最近两年比较有趣的场景植入案例，就是"秋天的第一杯奶茶"。你会发现一到立秋，朋友圈里不少人会晒奶茶。这就是构建一个日常场景对消费者进行提醒，从而唤醒其对产品的记忆和价值。

还有一款知名钻戒品牌称："男士一生仅能定制一枚。"把品牌和"真爱"画上了等号。其实钻戒的成本并不高，但是用"真爱"作为营销卖点，也就构建了只要是真爱，就要买该款钻戒的场景，成为吸引消费者最大的杀手锏。就像有网友说的，一生一次，心甘情愿为爱情买单。

2.3.1.2　真实分享，多过主动成交

其实销售这事的本质，就是把自己深度体验过的好产品分享给他人。核心只有一个：真诚推荐，不试图说服任何人。

曾经看到有一位带货主播，在直播间说："我给你们讲一

段故事，买不买无所谓。"听起来似乎不够专业，也不够敬业。但是当他拿着根玉米，说道："吃到这款玉米，我相信你会如我一样地回忆起童年。没有那么多作业要写，也没有那么多人的情绪要照顾，没有那么多的烦心事要处理，也没有那么多的痛苦要焦虑……"引得直播间爆单不断。

正是他自己对生活的走心分享，才能将普通人心底的记忆投射出来，引起共鸣。

我自己在副业路上的第一单变现，刚开始也异常艰难，当我想尽一切方法，主动出击，和周围的好友推荐课程时，得到的都是千篇一律的拒绝。

但是，有一次在不经意间，和一位好友分享自己最近的学习收获和心得后，对方反而主动问我，在哪里可以报名课程？

所以，最高级的销售是绝对不能眼里只有产品，而是要学会走心分享，得到他人的认可和信赖。

2.3.1.3 客户见证，胜过你的千言万语

相信你在逛淘宝或者抖音准备买商品的时候，都会看看其他人的评价。如果评价不错，你购买的决心就会更大；如果评价很一般或者不好，就会打消购买念头。

客户见证是最有力的营销工具之一，它可以增加你的信誉、提高你的转化率、扩大你的影响力。

我们可以把客户担心纠结的点或经常问的问题，如安全问题、效果问题、服务问题等，通过各种客户见证、反馈的形式发到朋友圈。

换句话说，客户担心什么、疑虑什么，你就发什么。也可

以把用户的反馈，写进销售信函、产品海报里，从而大幅提升成交率。

每次我在做社群课程的时候，也会邀请我的私教和私董学员来分享他们的成长经历以及学习感受。在这个过程中，他们既可以提升自己的表达能力，其他在场的伙伴也可以从分享中获得启发和共鸣。还能吸引同频者加入，是一件一举三得的事。

此外，我们在引用证言时，要尽可能用客户自己的原话，千万别画蛇添足地去美化，自然通俗的口吻反而能够强化见证的可信度。

当我们学会植入具体的用户场景、真实走心分享、活用客户见证时，就能引导用户自发地对你的产品感兴趣，从而实现种草营销。

2.3.2 内容营销，人格化输出赢得关注

从开启文案副业到今天，我每天都会输出 5～8 条朋友圈文案，经常有很多陌生人跑来告诉我，默默关注我的朋友圈好多年了，这就是持续输出的魅力。

当今这个"个体时代"，往往是人带货，而不是货带人，用户的关注点首先是人，要先对你这个人产生兴趣，自然也会开始关注你卖的产品。

这背后有一个核心的因素：被记住。

我们常说的打造个人 IP 就是在粉丝心目中留下的印象和记忆点，让粉丝认为你是这个领域的专家，从而认可你。这就

要求我们做到以下三点。

第一点，清晰的人设定位

你的微信头像、朋友圈背景图、个性签名都是天然的免费广告位。头像就用你本人的照片，越真实越有吸引力，用户可以迅速将这些和你本人联系起来。心理学有个概念叫"首因效应"，就代表了这种第一印象的重要性。

背景图可以简单介绍你的职业、爱好、擅长领域以及能提供的价值。个性签名则是你的价值观、理念、人生态度或者是喜欢的金句。

每个人都喜欢与阳光、积极向上、充满正能量的人相处，所以想要让用户知道你是什么样的人，你就把关键特质提炼出来，在每一条文案里体现。

比如，我的人设是："爱学习、刻苦努力、有毅力、懂坚持的学霸和文案高手"，喜欢学习各种课程和新技能，每天都会输出朋友圈文案，已经坚持了五年多。这样的评价可以让我们的个性变得立体和鲜活起来。

想要找到自己的人设定位，可以从个人特质、专长、使命感三个方面入手。

个人特质是指一个人身上独有的特质，如热情开朗、逻辑能力强、长相甜美、憨厚可靠、小巧玲珑等。专长类似于喜欢读书、擅长倾听、善于逻辑分析、擅长讲故事、能言善辩等。使命感则是根植于内心的一种想为某项事业奉献的理念。

第二点，植入你的个人标签

想要被人记住，给人留下深刻印象，就要形成自己的风格，并且从一而终。因为千篇一律的内容，很难吸引到用户的目光。

在这个注意力稀缺的时代，每个人的大脑都像一块吸满水的海绵。最好的切入点，就是传递极其简单有效的信息：把自己的特色浓缩成个人标签。

这里的标签可以是业务标签或者能力标签。

对于大多数人来说，你的业务范围是最容易与他人产生链接的。如你是做什么的，你能为他人提供什么样的服务，你服务的特点是什么……都可以在标签中体现出来。

比如，思林——无痕成交文案创始人，手把手教你写吸金文案。

或者是能力标签，如果你从事的是一个对他人有帮助的职业，如律师、医生、自媒体等，就可以凸显你让人希望链接的能力，从而被他人记住。

比如，全网拥有几千万粉丝的罗翔律师，因讲解刑法知识幽默风趣，法理兼具情理，被誉为全网最红的律师之一。知名儿科医生崔玉涛，拥有 800 万粉丝，近 20 年持续向家长们进行健康科学育儿知识的传播，深受众多家长的信赖。

第三点，持续输出有价值的内容

有句话是这么说的："销售这份工作，最终就是一个不断建立信任的过程。"卖货的本质就是卖自己。别人因为你的专业、服务认可信任你，这些才是你向用户展示的重点，而非产品本身。

无论是做副业，打造个人品牌，做社群、公众号，朋友圈运营，还是自媒体平台，要想吸引目标用户的注意力，都离不开输出价值，而且是持续地输出价值。

你的特长就是你的内容根基，你的坚持就是你的内容深度。每个人都有自己的特长所在，如果你卖养生产品，那么记得少讲功效，可以去分享你自己的一日三餐和健康观念。如卖护肤品，要少讲材质，而要分享你的护肤心得和美好状态；又或者是卖珠宝，少讲促销，而要分享你的佩戴感受和投资经验。

在日常的沟通交流时，努力给他人提供价值、解决问题，真正用心活成一道光，去照亮他人。让他人因为我们的存在而变得更加幸福美好，才是真正的无痕成交。

2.3.3　优势营销，从产品卖点到用户买点

想要实现快速成交，秘诀其实很简单，就是多站在用户的立场上思考问题，也就是多去思考用户买点，而不是产品卖点。

产品卖点，是指站在产品本身的角度上，能够提供的产品价值，缺点是没有考虑用户的需求。用户买点，是指站在用户的角度上进行分析，你的产品能够帮助用户解决什么问题。

在当今这个高速发展的时代，用户最需要的是短时间内你能提供最好最优的解决方案。

当我们买东西的时候，也不喜欢导购员拉着自己不停地介

绍产品，而是只想知道对方能不能解决我们的问题。报名课程也是一样，我们注重的不是学习课程本身，而是能否解决当前自己遇到的卡点。所以一定要学会转换思维，站在消费者立场看问题。

2.3.3.1　用户关心产品功效，更在意产品的好处

还记得当年流行的 MP3，那时候各家厂商都在强调自己的容量有多大，却不如苹果 iPod 直接说："把 100 首歌装进口袋里"。简单明了，直击人心。

也就是说，我们要直接说出产品能带来什么具体的好处，用户才会更想体验。

比如，我的文案课程有很多干货，当我这么说的时候，一定没有办法让人留下深刻印象。但是如果我换一种描述方式：我的文案课具有实战性，全程一对一修改文案，任何问题都能马上解决，我可以手把手带你成为文案高手。只要听一节课，你就可以快速写出走心又吸睛、让人过目不忘的朋友圈文案。

看到这里，你是不是仿佛看见了我一对一指导你的画面了？所以，只有当你把课程的好处清晰地描绘出来，才能够真正让用户有代入感。

2.3.3.2　用户不关心产品，只关注购买结果

用户关心的根本不是产品本身，而是你的产品可以给他带来什么结果。

如果你是卖保温杯的，不要写内置 360 度硅胶恒温圈，而是直接写结果：早上装的热水，晚上喝依然烫嘴。

如果你是卖大米的，不要一味地夸自家的米有多香，而是

直接聚焦结果：孩子每顿多吃一碗饭！

如果你是卖护肤品的，不要写含有哪些微量元素，而是直接写：晚上敷了一片，第二天一早皮肤还是水嫩嫩的，就像剥了壳的鸡蛋！

一味吹嘘卖点，只会让用户觉得是硬广，但是说结果，却不会让人反感，因为你在陈述一个事实，显得更有说服力。

2.3.3.3 用户在乎价格，更在乎价值

当我们走进超市，看到琳琅满目的货架上，每一件产品都有自己的价格，一瓶矿泉水一般是 2～3 元，一袋米的价格大约是 60 元，一件 T 恤的价格是 100 元左右。

而价值却来自个人内心的感受，书柜里面发黄的信纸，哪怕对别人一文不值，而你却千金不卖。

所以不要直接在价格上与用户周旋，而要引导用户理解产品的价值。500 万元的价格看上去很贵，但是如果能够买到一套上海市中心的房子，你是不是觉得物超所值。

还有我的私教课，虽然 9800 元 /2 个月的价格看上去不便宜，但是我给的服务是 60 天全天候的手把手服务，随时答疑解惑以及全部的课程授权。学员都说收获很大，比起我给的价值，这个价格简直太便宜了。

当我们学会聚焦产品的价值、好处、购买结果的时候，用户才能全方位地了解我们的产品优势，从而做出购买决策。

综上所述，其实被动销售并不神秘，只要懂得善于种草，构建生活化场景引发用户想象；持续输出，换位思考，回答用户关心的功效和价值，如此我们就可以不断积累用户的信任，

成为让人喜欢的销冠。

牛刀小试

结合本节内容，请思考一下，目前你在销售过程中哪一块做得不够好？是不善于打造生活化场景，还是没有先"卖自己"？又或者是过分关注产品而忽略了用户想要的功效？

2.4 案例拆解：零资源、零人脉的新手，如何走过副业起步阶段

不知道你有没有这样的心路历程，在副业的起步期会开始出现各种情绪，看到他人一个个成果显著，于是就开始怀疑自己。

其实，成长的道路是漫长的，各种情绪可能会一阵一阵袭来，但请相信只要你坚持，就可能遇见不一样的自己。

2.4.1 刻意积累，从热爱中开出副业之花

杨爱成是我的培训班学员，一位爱折腾的"70后"，从体制内到报社，再从纸媒到教育行业，她足足走了15年。

大学毕业后的她，阴差阳错和自己从小想当老师的梦想擦肩而过，而是考上了会计专业，后来又选择了平面设计的工作。可是，她依然发现自己对教育充满了热情。于是在副业上，她选择了从自己热爱的领域出发，把心思放在了带教学生身上。

刚开始她做的是高大上的小初高培训，可短短几个月，她发现一周一次的补课，根本解决不了孩子的真实问题。所以就在竞争对手都追求高利润的时候，她却因为发自内心的热爱，转战做5～6人的小班制精品晚辅。

她看似放弃了来钱更快、更刚需的高利润产品，但因为真心的热爱，反倒让她真正从根源上满足了用户需求，赢得了好口碑。

她从学习习惯抓起，为的就是真正从根本上解决孩子的问题。因为只有当一个孩子养成了好的学习习惯，学习成绩才会稳步上升。

跟着我学习以后，我鼓励她一边用文案思维保持输出，一边尝试破圈，影响和帮助更多有需要的家庭。每天她都被这样的使命感所深深鼓舞着，用最短的时间拿下了学习规划师的职称。

对教学事业的爱，对孩子更深层的关注，成为她副业的最大驱动力，从热爱而诞生的副业，更容易跨越艰难险阻。她不辞辛苦，前后一共辅导过上千名孩子，帮助他们在成绩上取得明显的进步。

当热爱插上了文案这双神奇的翅膀后，她的托管班迅速爆满，她同时还增设了周末班、读书训练营，甚至是寒暑假托管班，收入一下子就翻了好几倍。

当年明月在《明朝那些事儿》中借徐霞客之口写道"人成功的方式只有一种，就是按照自己喜欢的方式过一生"。书中的故事是，徐霞客并不热衷于考取功名入世，而是按照自己的兴趣用一双脚走遍中国的大好山河，写出了《徐霞客游记》。他也成为流传千古的地理学家、旅行家、文学家。

所以，当你选择把自己的爱好发展成为副业，会更容易在热爱的领域里坚持下来，深耕出结果。

2.4.2 被动营销，用内容种草驱动副业马车

我的学员玥溪，是一位在职场打拼了 26 年的财务管理者。

两年前我们在一个学习群里相遇,没想到因为我的一条文案,从此改写了她人生的下半场。

从读书到走入职场,她一直顺风顺水,毕业后入职一家台资公司。从一个没有背景没有人脉的小会计,慢慢做到集团公司的财务主管,一眼能望到头的日子,风平浪静,直到她的皮肤出现敏感问题,在尝试过无数大牌产品都没有改善后,她开始变得焦虑起来。

2019年年初,在机缘巧合下,她遇到一款护肤产品,没想到这让她重燃起美业的职业梦想。

经过两年时间的考察,46岁的她勇敢地迈出了第一步,重拾年轻时学到的一技之长,正式开启副业,成为一位皮肤管理导师。

在深入学习后,她掌握了皮肤管理的底层逻辑,原来想要有效解决问题皮肤,就必须从内到外进行全面地调理。

当她信心满满地准备大干一场时,却发现根本没有客户,身边好友也只是为了人情应付一下。她也积极参加公司组织的培训课程,从销售技巧、推销话术到获客引流,在知识付费圈砸了五位数的费用,可学完了不但学费没有赚回来,而且越学越焦虑,对于这份事业她一筹莫展,不知道该如何进行下去。

正当她准备放弃的时候,我鼓励她用文案助力她的副业,没想到在学习文案不到一个月的时间,她就突破了前期的销售业绩,这让她重新看到了希望。她还通过在小红书上进行内容种草,短短一个月的时间就涨粉超2200人,吸引了大量陌生客户的链接。

她的做法是，没有一上手就开始发布各种"目的性强"的护肤广告，而是将护肤和文案两个自身优势相结合，反其道而行之，渲染一种优雅、舒适的"氛围感"，进而让用户主动想要靠近。

由此可见，在当今竞争激烈的职场中，精进一项技能，学会用文案助力营销，不但能提高自身竞争力，而且不需要每天想方设法让用户下单，他们会被文案的内容所吸引，主动找上门。

记得作家萧秋水说过："**人人都渴望自由，但是自由需要条件，最重要的条件就是可供自己安身立命的一技之长。**"

学会无痕种草，不管卖什么就等于多了一道出口。多长一点本领，人生就会拥有更多的选择权。只有这样，你才能及时抓住到来的机会，实现人生的逆袭，甚至弯道超车。

牛刀小试

以上两个案例，对你做副业有哪些启发？你身边还有哪些副业做得很好的人？你从他们身上学到了什么？请抱着不嫉妒不过分羡慕的心态，去拆解牛人，以人为师。

第3章 成长期,如何夯实副业基本盘

前几天，我在微信上收到了一条陌生好友的留言，她说："思林，我已经默默关注了你好多年，一路见证你的飞速成长，简直太酷了！"

做副业九年，类似的留言我收到过很多，在我看来做副业对于每一个有梦想的人来说，并非一两天就能看到明显的结果，但是一个月、一年、三年五年过去，你会发现它将全方位提升你的生活品质。

深耕副业是一个增加收入和实现个人成长的重要途径。在本章，让我们一起夯实副业基本盘。在我看来，副业的基本盘有四大核心能力，掌握好这四大能力就能实现副业变现，既能收钱收心，又能成人达己。

四大核心能力主要指对心情的管理（情绪力）、对时间的管理（效能力）、高效地学习（输入力），以及不断地分享呈现（表达力）。在每项核心能力上我都为大家介绍了具体的做法和案例，相信你一定能轻松学会。最厉害的武功，不是什么绝世奇功，而是基本功，基本功越扎实，在"副业江湖"里，你最终会成为一代大侠。

3.1 情绪力：好的心态是成功的一半

相比技巧而言，好心态的建立，对于副业的成功尤为关键。

没有好心态，再好的技巧都没有意义。技巧是一种有形的东西，看得清，摸得着；而心态则是一种无形的东西，很难捉摸，却能影响一个人的状态。

积极的心态会带来积极的结果，是获得成功的重要前提，也是避免在做副业的过程中半途而废的一剂良药。

3.1.1 心态先行，副业路上的必选项

手把手带了上千名学员做副业，经常会碰到这样的情况，在发售前他们会告诉我：虽然内容和流程都已经准备好了，但是内心依旧紧张得不行。

每次我都会告诉他们，之所以紧张是因为过分关注于自身。当你学会把注意力放在过程上，多给信任自己的人提供价值，结果就是顺带的事。

还记得《一百只蜗牛去旅行》里有这样一个故事：有一天，100只蜗牛听到飞来的小鸟说，山那边的风景很美，于是它们决定暂时离开家去旅行。它们排着队爬啊爬啊，旅途中天气非常炎热，于是只能躲进房子里休息，后面遇到了3辆拉客的小巴车，于是99只蜗牛都选择上了巴士，只有1只蜗牛坚持

要自己爬着去旅行。

结果到了山顶，99只蜗牛发现天黑了，这一路上什么也没有看到。当它们感到万分失落的时候，那第100只蜗牛也终于到达了山顶。

它说，一路上自己看到了美丽的花；看到了鱼儿在游泳；看到了蟋蟀在弹琴；还喝了甜甜的露水；吃了各式各样的嫩草和野果。于是，这99只蜗牛决定，下山的时候，它们要跟着第100只蜗牛再旅行一次。

人生就如一场旅途，登上山顶固然重要，但是当我们把注意力放在欣赏沿途的风景上，并用心记录每一个美好瞬间，生活才会展现出别样的美好。做副业也是一样，金钱反映的是你能为他人解决多少问题的回报。为他人提供价值，就是为自己增值。

很多人做副业，心态容易崩，这是过于急功近利，心浮气躁，一心想着结果和赚别人多少钱。正确的副业心态，是用心感受做副业的过程，写好每一条朋友圈文案，做好每一场直播、每一次发售。带着"但行好事，莫问前程"的心态做副业，我们更容易长久，反倒最终收获结果。

3.1.2 五大心态，让成长之路更顺畅

担心、犹豫、迷茫可能是很多创业者都有过的心态，束缚着他们不敢前进。如果总是盲目拿自己和他人比较，就会陷入各种无谓的内耗，甚至经常情绪化、动不动玩消失，自然也会影响一个人的行动力。所以，摆正心态很重要（图3-1）。

中年逆袭的罗永浩就是一个很好的例子。2019 年，罗永浩因手机创业失败背上了 6 亿元债务。在外人看来这是难以翻身的至暗时刻，他却坚信"留得青山在，不怕没柴烧"，直面挫折，重拾信心，开启了跨界直播的新征程，这正展现了心态对于创业者的重要性。

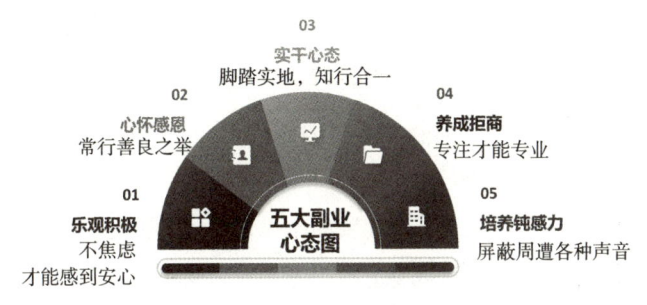

图3-1 五大副业心态

心态一，用乐观的心态，直面一切挑战

很多人说创业是一条九死一生的路，风险和挑战无处不在，只有乐观的心态和迎难而上的勇气，才能够取得最后的成功。

我的学员若弘在刚成为我学员的时候，他说有一段时间，自己心态差点崩掉，因为每天社群里都有很多师兄师姐报喜，动不动就日入过万元，让他变得十分焦虑。

后来在我的鼓励下，他聚焦朋友圈文案输出，深度修炼基本功，很快他就调整好了自己的心态，从迷茫中走了出来。现在的他成了百万 IP 操盘手、畅销书作家，自信满满地走在副业的康庄大道上。

当我们遇到挑战的时候，如果心态不积极，就很容易失去动力。只有乐观面对，努力寻求解决方法，目标才会一一实现。与此同时，乐观的心态还会感染他人，更有效地吸引和凝聚优秀的人，建立志同道合的创业圈子。

在追梦的路上，让我们一起学会调整心态，以欢喜自在的心情去拥抱生活的美好。正如泰戈尔所言："把生命看成一首诗，把人生看成一场梦，把工作看成一种游戏，把烦恼看成一阵风，把痛苦看成一种历练。"

心态二，用感恩的心态，常行善良之举

创业就像驾驭风暴，需要的不仅是勇气，更是智慧和坚韧不拔的毅力。在前行的路上，千万别忘了感恩和付出。因为只有善待他人，才能赢得更多支持和信任。

记得我刚开始转行文案导师的时候，在某个高端社群认识一位群友。当时她想做一场课程发售，于是向我咨询其中的细节问题。我倾囊分享了自己的经验和心得，而且还写了一套流程方案给她。最后当她表示感谢的时候，我并没有收下红包，只是真心祝福她发售成功。没想到一个星期以后，她不仅带来了好消息，还报名了我的弟子班。

商业的世界里，金钱固然是我们自身价值的一种体现。但是，如果做任何事只是为了得到福报或赞扬，沾染了功利心，就算做再多善事，也很难体会到真正的快乐。

而感恩，是一个人身上最宝贵的东西。一个懂得感恩的人，才会记人的好；懂回报的人，才会让人放心。当你心怀他

人，时刻想着回馈他人时，机会也会悄然落入你的手中。

心态三，用实干的心态，一步一个脚印奋斗

做副业的关键在于实干。只有实干才能成就事业，唯有奋斗才能实现梦想。

做副业九年，我身边遇到过很多想要做副业的小伙伴，小C就是其中之一。她总是不断地跟身边的人说她的计划和方案，经常滔滔不绝，壮志满满。但是，却迟迟不见有实际行动。

一段时间后，她做副业的想法还只是停留在纸面上，而和她同时起步的其他伙伴，已经开始拿到结果，可她不仅错失了机会，也失去了身边人的信任。

加缪曾经说过："**一切伟大的行动和思想，都有一个微不足道的开始。**"如果你想要把事情做到最好，或者做到完美，反而会让你变得越来越畏难，越来越否定自己，最后直接放弃了。

成功没有捷径，靠的是脚踏实地一步一个脚印，而勤奋和汗水是通往成功的必由之路。**当你拥有了高效执行力和坚持做事的心态，事业才能走得更长远！**

心态四，养成"拒商"，专注走好自己的路

腾讯视频爆火的职场观察类节目《令人心动的offer》里提到的一个词——"拒商"。顾名思义，就是在他人提出要求时，坦然拒绝的能力。

我们经常会因为不好意思拒绝他人，而答应做一些不情愿做的事情，把自己搞得很累。事实上，那些活得通透的人，早就学会了对不合理请求说"不"。因为在副业的路上，时间宝贵，聚焦专注才是当下的核心选择！

在竞争激烈的商业世界中，我们面临着诸多挑战和选择。我也经常收到很多伙伴各种项目和合作的邀约，但都一一婉拒了。因为我非常清晰自己未来的规划，就是踏实深耕文案这一件事。

那些真正能够取得成功的创业者，往往都懂得聚焦、专注的力量。专注于某一件事，聚焦于某一个产品或项目，用心耕耘，踏实去做，这才是通向成功的关键路径。

所以，当你学会适当拒绝，一心专注自己的目标，你的生活一定会因此变得更加轻松有趣。因为我们是为自己而活，并不是活在他人的期望里。

心态五，培养钝感力，提升幸福感

我特别喜欢一个词——"钝感力"，网上直译为"迟钝的力量"，即屏蔽周遭的声音，坚定地朝着自己设定的方向前进，也是赢得美好生活的手段和智慧。因为有时过于敏感，反而会给我们的心灵穿上一层厚厚的盔甲。

正如渡边淳一在《钝感力》说的："我对别人的评价和嘲讽没么敏感，甚至有点迟钝，别人对我的影响并不大，我只关心自己进步了没有。"

因此，保持一定的钝感，是我们赢得幸福生活的手段和智慧。在当今这个充满不确定性和压力的社会里，钝感力也已成为许多人必备的技能之一。

相信曾经做过直播的小伙伴，都有遇到黑粉或者键盘侠的经历，我也一样。所谓键盘侠，指的就是在网上不分青红皂白，无视事实真相，便辱骂他人或者恶意揣测他人的一个群体。如果真的遇到了直接拉黑就行，不需要纠结太多。更不要在意那些不同频的人，或者因为他们的言语去改变自己。

因为当我们不去过分关注外在的眼光，而回归到自我本身，就会释放那个被关在心灵堡垒里的自己。放下顾忌，说出自己所想，你会发现那个有趣的自己，也会过上真正有趣的生活。

不在别人的地图里，走自己的路，是一个人最大的清醒。所以无论何时，请专注于当下，关注自身，不断挑战自我，同时养成拒商，培养钝感力，你就会发现自己正站在人生的最高处。

3.1.3 三大妙方，从根源上调节情绪

当下很多人开启副业，是因为受到经济环境和就业压力的双重影响，希望在这种双重焦虑的氛围里缓解情绪，试图从中寻找到一种安全感。

可是有人把副业做得风生水起，甚至以远超过主业的收入成功将副业"转正"；同时也有相当一部分人因为副业陷入一种力不从心的困境，不仅焦虑情绪没得到缓解，反被焦虑所支配，与出发点背道而驰。

对创业者来说，情绪管理是人生的必修课。我自己也曾经经历过创业低谷，遇到过诸如连续熬夜带来的健康问题、家人的不理解、学员的负面情绪影响、招生遇到瓶颈期等问题。也曾经见过周围很多伙伴，因此一蹶不振，最终消失在大家的视野中。

其实，失败并不可怕，但许多人会被失败所带来的挫折感全方位地征服，难以面对伙伴、家人，以及未来——这才是最可怕的。所以，只有直面冲突，不被情绪左右，才是副业持续发展的长久之计。

从情绪的根源入手，这里也给大家带来三个调整情绪的小妙方（图3-2）。

解决情绪困扰

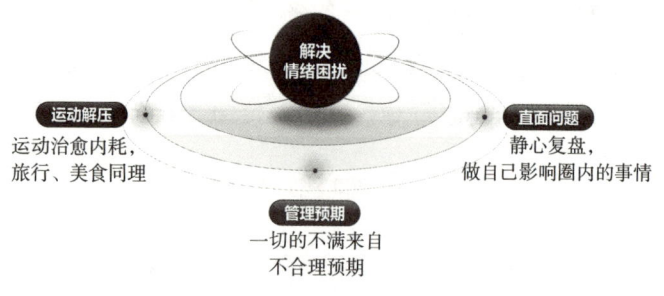

运动解压
运动治愈内耗，旅行、美食同理

直面问题
静心复盘，做自己影响圈内的事情

管理预期
一切的不满来自不合理预期

图3-2 解决情绪困扰的妙方

妙方一，适时运动，最强劲的精神药物

我的一位好朋友曾经告诉我，每次她在遇到主副业难题的时候，都会选择借助运动的方式排解。她说："没有一张瑜伽垫搞不定的难题。"

运动之所以能够调节情绪，是因为它能够促进人体释放内啡肽、多巴胺、血清素等神经递质，改善人体中枢神经的调节能力，使人们获得愉快、兴奋的情绪体验。所以运动，能治愈内耗；锻炼，能甩掉烦恼。

无论是跳舞、跑步还是瑜伽、打球，我们都可以通过自己喜爱和擅长的体育锻炼方式，提升自信和觉知水平，从中得到乐趣。除此之外，还可以给自己安排一场说走就走的旅行，或者放纵地大吃一顿，这些都能让我们调节心情，振奋精神，从而恢复良好的情绪状态。

妙方二，管理预期，才能不被情绪绑架

在副业中，我们都期待能够充分施展才华，快速拿到结果，以此来证明自己，其实这所有的背后，都源于一份期待，这种期待不仅是对他人的期待，更是对自己的期待。

记得有一次我给学员布置了每天完成10条文案的任务，但是有位学员告诉我，觉得自己压力很大，不能全情投入写作。于是我和她进行了一次深度约聊，一起分析压力出现的源头，并为她制订了适合现状的目标，将难度调低，很快她就从低落的情绪中走了出来。

另外，很多人往往过于注重自己的得失，甚至会想："我这么努力地帮助他人，为什么他们不给我付费？"因此而郁郁寡欢。其实，当我们学会管理自己的预期，不求回报、以纯粹之心帮助他人，就会发现自己收获的不仅是他人的感激，更是内心的满足感和幸福感。因为真正的财富不仅仅是金钱和地位，更是在帮助他人中获得的人生价值。

所以，很多时候我们对于预期的管理，并不是直接降低期待或者将期待强加于人，而是要在明确对方的情况后做出合适的期待，用一颗平常心接受一切的无常。

妙方三，直面问题，解决情绪问题的最好方法

每当我情绪低落的时候，都会静下心来思考和复盘，找到

引发情绪的源头事件，并且制定应对措施。因为直面问题，是最好的解决方法。

记得 2022 年年底，我准备做文案训练营的课程招募，可是发现不管怎么发圈，都没有新学员报名，这时候我意识到自己的流量陷入了瓶颈期。也就是那时候起，我果断开始探索公域流量，钻研小红书的运营技巧。最后在 2023 年迎来了流量的大爆发，不到半年时间，各个矩阵号共涨粉 3 万人，千元的文案训练营每次都能招募到 100 人以上。

每当出现问题时，**应该从"该如何解决"的角度来思考解决办法，而不是用"为什么会出现这样的问题"去怨天尤人**。另外，还应该以"我"字做主语，而不是"你"或"他"，要把自己置身事内，并且把解决问题放在实际行动中，思考"我能做什么"，才是解决问题最高效的方式。

人生就像登山，总会遇到各种各样的难题。如果一直逃避，只做自己力所能及的事，就永远不会有进步。唯有直面问题，才能解决问题，获得真正的成长。

牛刀小试

（1）你觉得在探索副业的路上，哪些心态是必备的？说说你的理由。

（2）读完本节，你觉得哪些观点令你印象深刻，你会如何运用到实践中？请写下你近三个月的行动计划。

3.2 效能力：高效人士的顶级修养

很多小伙伴曾经问我，是如何做到上班、副业、带娃三不误的？其实在副业这条路上，时间就是金钱，效率就是生命。

对于很多刚刚开启副业的新手来说，既要一边上班，又想尝试建立自己的副业梦想"帝国"，但是奈何空闲时间实在太少，要做的事情太多，恨不得马上辞职。

其实，相比主业为公司打工，副业就是真正为自己做事。当没有了规则约束，我们到底应该如何提升工作效率呢？

3.2.1 认清现实，自律是一场骗局

现在，自律已经不知不觉成了一种新型的电子鸡汤。只要打开社交媒体，总有一大堆的自律短视频，各种自律的经验分享，看得人眼花缭乱。

很多人痴迷于看他人如何自律的视频，然后开启对自己颓废的自责，或者把它当成一种变相的激励，开始疯狂的内卷生活。但是你知道吗，自律背后其实是一场"阴谋"。

3.2.1.1 自律是结果，而不是过程

我曾经加入过很多早起、打卡社群，最后发现真正能坚持下来的人，寥寥无几。

为什么说自律是一场骗局？因为自律本身就是反人性的，所有对抗人性的事都是很难长期坚持的。

或许你能靠自律坚持一段时间，每天早睡早起，看书、写作、运动、工作，但如果没有明确的长期目标和外在影响，是无法长期坚持的。

自律不是向外界展示自己有多么积极向上，满足自己的面子和虚荣心；自律也不是克制欲望、对抗人性。自律应该是一个结果，而不是一个过程。**不是因为你自律，所以成功了，而是因为你要实现某个目标，做了很多事，从而变得很自律。**大家千万不要本末倒置，为了自律而自律。

3.2.1.2 自律不够，他律来凑

什么是他律？就是把自己放在一群人当中，由一群人带动自己，从而形成"律"的效果。

比如，你喜欢读书，你也认识了一群爱读书的人。你们在一起经常交流，成为好朋友，你看到其他人这么认真，自己也很容易被带动起来。所以，现在各种线上社群层出不穷，因为氛围可以深深影响一个人的行为。

他律之所以能管用，核心在于"归属感"。也就是说，只有你真正认为自己和某一群人是一起的，归属于一个群体，这个群体里的一些行为才能对你有带动作用。如果你对这群人，没有太多的认可与链接，那这种带动作用就会很有限，甚至会有副作用。

3.2.1.3 自律的起点，是兴趣

自律，绝不是你无意义地折磨自己，而是对自己的人生负责。

真正的自律绝不是逼迫，而是在明确自己想要什么的基础

上，找到对的方法，去做一件让你觉得很享受的事。就像文字对我来说，不仅仅是副业，更是源自心底的那份热爱。只有自己真正想做的事情，你才会全身心投入。

自控力是根植在你内心的梦想所演化的动力，而自律是这种动力下养成的习惯。

所以，自律本身是一种品质，不要让自己成为它的奴隶。任何事情都不是一蹴而就的，需要尝试和耐心，时间久了，你就会发现自己正在成为你想成为的那个人！

3.2.2 掌控人生，提升时间颗粒度

从很小的时候开始，我就有比较强的时间观念，从不喜欢被别人等，也不喜欢等别人。因为我深知，时间就是一个人的生命。

纵观古今中外，能够真正把时间切成颗粒的人，比尔·盖茨肯定是其中之一。一位英国记者曾经这样描述自己和比尔·盖茨见面的经历："盖茨的行程表和美国总统类似，很多事情都在 5 分钟内做出决断，而一些短会，乃至与人握手，则以秒数计算。"

所以，这个世界上有不少成功人士的努力程度，是很多常人无法想象，甚至都不愿想象的。

3.2.2.1 算出自己的时间颗粒度，强化对时间的感知

时间颗粒度就是一个人管理时间的最基本单位。你可以将抽象的时间想象成一个小球，它会随着你对时间的利用价值变大或变小。

想要高效地管理自己的时间，我们就要对工作里的每一个行动项进行回顾。我们可以单独准备一个本子，每天记录自己从早到晚大概都做了什么、花了多长时间、有没有出现拖延。

我们可以对时间进行复盘，并且主要关注以下方面。

（1）学习和工作、娱乐和休息的时间，占比分别是多少？

（2）有哪些时间是可以利用，却被浪费掉的？

（3）有哪些事，实际花的时间比预计的长？

（4）每天花在真正有收获的事上的时间，占比是多少？

当你认真记录一周以后就会发现，我们看似每天都很忙，但很大一部分时间都是被浪费掉的，所以要制订计划，充分利用好这些偷偷溜走的时间。可以试着把原本以三小时为计算单位的事情，慢慢缩短到两小时或者一小时，逐渐提高自己的时间效能和行动力。

同时"记录"的过程本身，就好像是有人在监督自己，因为紧迫感拉满，所以可以有效地提高执行力和学习、工作的效率。

通过记录可以发现，写五条朋友圈文案需要 30 分钟，写一篇公众号文章需要 1 小时，我们就可以以 30 分钟作为一个时间颗粒度对时间进行管理。在这个时间段集中全部的注意力，避免干扰，过了 30 分钟就及时给自己休息的时间，然后进入下一个全情投入的 30 分钟。

樊登曾说过："**对时间的运用，和成长的速度是成正比的，时间利用越充分，进步的速度就越快。**"真正优秀的人，对时间流逝保持着敏锐的感知，更能把时间充分颗粒化。

3.2.2.2 提升时间颗粒度，将其内化成思维模式

在我们考虑问题的时候，时间颗粒度也是一个很重要的衡量指标。当我们学会把时间颗粒度变成一种思维方式，就会开始对时间慢慢有一种掌控感，知道自己完成一件事大概会用多长时间。只有这样，下次再完成的时候，才会想着能不能再将时间压缩一点，或者有没有更高效的方法。

那么如何改变自己的时间颗粒度呢？可以分为以下几步。

第一步，确定你真正的目标。如果没有设定明确的目标，你的日常优先事项就会被那些能让你感觉良好、带来短期回报的紧急任务淹没。

第二步，列出你必须做的每件事。

第三步，根据目标，圈出其中最重要的 20% 的优先事项。

第四步，把注意力集中在每一个优先事项上，因为它能给你带来 80% 的结果。

第五步，利用早起的时光，先完成最重要的第一个优先事项。因为当一天开始的时候，我们拥有最多的能量和最少的干扰。

第六步，基于你的第一个优先事项所花的时间，再去确定其他事项的进度。

第七步，建立一个"避免事项清单"，把剩下的事，都填在这个清单中。

第八步，尝试随时说"不"，只要在"避免事项清单"上的事，就要及时喊停。

拿我自己做副业的一天举例。

第一步，确定今日的主要目标：完成5000字的书稿。

第二步，当天必须做的事：8条朋友圈文案、2篇小红书文案、日常学员带教。

第三步，最重要的事项：5000字的书稿和8条朋友圈文案。

第四步和第五步，利用早起的高效时光，先完成8条朋友圈文案的写作。

第六步，如果早晨能完成每一项优先事项，那么把午休和下午茶的时间全部用来写书。

第七步和第八步，避免事项清单包括：追剧、刷抖音App等非优先事项。

专注优先事项能让我们在一年内完成其他人可能需要十年才能完成的事情。当我们根据自己的时间颗粒度来有效地进行时间管理后，就能更好地平衡工作和生活，同时提升效率，实现更多的人生成就。

3.2.2.3 拒绝琐碎，保持专注才能提升时间颗粒度

想要拥有高效人生，就要从拒绝琐碎开始，不把时间过多花在吃吃喝喝、休闲玩乐的事情上。以前每次有人邀请我参加活动时，我都会欣然参与，最后却发现自己并不享受，既为难自己，又浪费了时间。现在的我会在同事们闲聊家长里短的时候，以及各种无意义的社交聚会邀约面前，勇敢说

"不"。因为，**高质量的社交远比数量重要得多**。与其在无效社交中迷失自我，不如把时间和精力投入真正有价值的人和事上。

有句话说得好："事必专任，乃可贵成；力无他分，乃能就绪。"懂得保持专注，及时屏蔽干扰，为自己开辟出专门时间，才能把事情做好。

那么，如何拒绝无效社交呢？这里有三个小建议。

（1）明确目标：要想清楚自己为什么社交，是为了建立人脉，还是为了寻找志同道合的朋友？这能让我们在众多的社交机会面前，更好地做出选择。

（2）学会拒绝：不要害怕说"不"，保护自己的时间和精力，拒绝那些不符合你价值观的邀请。

（3）选择高质量社交：与其参加十个无聊的聚会，不如和一个有趣的人深入交流。

所以，拒绝无效社交并不难，关键是要勇敢地说出那个"不"字。拒绝无效社交也不意味着孤僻或者不合群，而是在追求更有意义和价值的生活方式。

当你开始拒绝那些无效的社交活动时，你会发现，高质量的生活其实就在你的身边。

如果想要提升效率，就要从缩小时间颗粒度开始，让每一分钟都能发挥足够的用处。如每次给学员们辅导，我会精确到具体的时间点，而且从不迟到早退。我相信尊重时间的人，也会被时间善待。

正如作家三毛所说："人生一世，也不过是一个又一个二十四小时的叠加,在这样宝贵的光阴里,我必须明白自己的选择。"

时间是世上最公平的资源,选择用它做什么,就会收获什么样的人生。当你把每分每秒都用来塑造自己,提升自己,就能真正赢得未来。

3.2.3 杀死拖延,无痛人生开挂法则

在豆瓣上有一个小组叫"我们都是拖延症",现在的人数已经超过了22万人。成员们用文字宣泄着拖延带给他们的痛苦、悲伤、忏悔、无助以及绝望。有人在小组中还单独开个帖子,记录自己与拖延症战斗的过程,几年之后还在更新中。

《拖延心理学》里有这样一句话:拖延就像蒲公英。你把它拔掉,以为它不会再长出来了,但是实际上它的根埋藏得很深,很快又长出来了。那么究竟有没有克服拖延的方法呢(图3-3)?

SMART化目标
不动是因为看不清

拆解目标
积小步,致千里

杀死拖延的四大方法

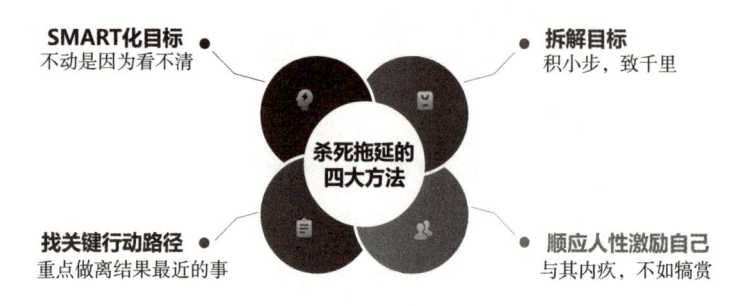

找关键行动路径
重点做离结果最近的事

顺应人性激励自己
与其内疚,不如犒赏

图3-3 杀死拖延的四大方法

方法一，SMART 化目标，让它不再"面目模糊"

世界效率大师博恩·崔西说过："成功是目标的达成，其他都是这句话的注解。"

高手不是因为成功了才设定目标，而是设定了目标才成功。目标有一种神奇的力量，可以推动我们持续往前走，可以激励更多的人支持我们达成目标。所以，设定目标是对自己人生的规划，也是对自己人生的负责。SMART 原则就是这样一种体系。它是管理学中广泛使用的设定目标的方法。它能帮助我们清晰地定义并有效地实现目标，让我们告别混沌无序的状态，迈向有序、高效的状态。

设定目标也要满足 SMART 原则。

（1）明确性。目标必须是明确的，不要"假大空"地泛泛而谈。如："2024 年的目标是大干一场，要突破舒适圈，要开始输出……"这样的目标听起来有种等于没说的感觉。

（2）可衡量。设定的目标最好是可度量的，如："2024 年的副业目标收入从 50 万元提升到 100 万元。"这就是一个可衡量的目标。

（3）可实现。在设定目标时要有一定的野心，但也要考虑是否能实现。如"一个月打造自己的个人 IP，一个月涨 10 万粉"，都不现实。天马行空设定一个无法实现的目标，是没有任何意义的。

（4）相关性。如果是企业的目标，就要与企业的愿景、战略之类的相匹配。如果是个人的目标，也要与自己的切身发展相关。如"一年内拿下 GRE 英语"，这个目标其实跟我现在的发展方向没有太多的相关性。

（5）时限性。也就是必须有一个实现的最后期限。没有时间限制，目标的制订就失去了意义。目标期限还可以激发出我们的潜能。毕竟最后期限是第一生产力。

综上，我们可以对比以下两个目标：

第一，2024 年，我要多读书、多输出、打造自己的个人 IP，实现知识变现；

第二，2024 年，我要继续打造自媒体账号，优先深耕小红书平台，在现在的基础上再增加 5000 粉丝，另外持续做好朋友圈输出，将副业收入提升至 100 万元。

相对来说，第二个目标更靠谱，也更容易实现。有了合适的目标，我们就能背上自己的行囊，一步步前进，将梦想一一实现。

方法二，拆解目标，拆到最小执行单元

很多时候我们喜欢把事情拖着，其实是因为我们想太多，往往拖着不做的这段时间，才是最令人恐惧的。

比如，当我们准备做直播发售的时候，也许你会想："如果我讲得不好，或者发挥失常怎么办？"于是，越想越害怕，还没开始做就找各种理由把它往后拖。其实当你真正开始了，就会发现一切担心都是多余的。

当我们设定了副业年收入 20 万元的目标，就可以用倒推法分析，达成目标应该怎么做？按照月度来拆分，那么一个月的目标就是不到 2 万元，还可以拆分到具体的每星期。同时还可以分析自己的长处是什么，短处是什么？最需要学习的是什么？最需要改进的是什么？谁可以帮助我？我又可以帮助谁，等等，不停地完善自己的目标。

接下来，我们可以用一个公式继续分解：**收入 = 产品单价 × 流量 × 转化率。**

产品的供需情况决定了它的单价，所以想要以高客单价成交，意味着你的产品必须足够刚需，你要有市场真正需要的能力。

流量，就是获取用户关注的能力。无论是付费流量，还是社交流量，你都要有内容制作和自媒体运营的能力。

转化率，就是在关注你的人里，有多少人可以变成你的付费用户。这涉及销售能力、沟通能力和运营能力。

如果我们的目标收入是每月 2 万元，产品单价是 1000 元，流量是 200 人，流量转化率是 10%，即每个月有 20 个人买了你单价 1000 元的产品，那么你的月收入就是 2 万元。

有了这种分解出来的路径，你就能非常清楚自己所处的阶段和位置。同时行动力会大增，做事也不再犹犹豫豫。

方法三，制订行动路径，抓出关键动作

当我们设定和拆分了目标，接下来就要制订计划和行动了。计划是成功之母，行动是成功之父。

还是用副业年收入 20 万元举例，我们一起来制订具体的行动计划。

在产品方面，先要找到真正适合的那一款，那么就需要知道自己在哪个细分领域做积累是最适合的。所以，我们要做的就是调研和做小范围的尝试。如先推出一款 MVP 产品，测试是否被用户所接受，并且在实操中不断调整。

在流量部分，为了获得精准用户，就需要开始学习如何输出内容以及获取流量的技巧、运营方法，等等。以输出内容举例，我们可以做出如下计划：为了学好内容制作，需要拆解300篇优秀对标作品，以及每个月完成10篇文章的输出。接下来可以更具体地分解，每天要至少拆解1篇对标作品，每周完成3篇的内容输出。

比如，为了提升转化率，我们可以从每周完成5个电话咨询开始，通过朋友圈或者社群的方式，发布招募信息，在这个过程中将每次咨询录音，事后总结转化成话术和心得，不断提升实战能力。如果一周完成5个比较困难，就可以适当减少数量，然后再根据实际情况调整。

所以，花点时间去思考，你要做哪些具体的事才能完成这些目标。然后找到关键行动路径，一步步达成，结果就会慢慢呈现。

我有一个绝活，就是"百分百成功的社群发售"，从没有失手过，而且经常能突破百万元营收。其实我所有的发售经验，都是在实战中不断积累的，而不仅仅是看书、听课学会的。

帕累托法则说，80%的结果，得益于20%的付出。不同于其他IP做发售，我不会请操盘手或者团队帮忙，而是一个人完成整个流程。因为对于身兼主副业的我们来说，抓住关键动作，把重心放在打磨好产品本身，才是最高效的副业打法。

毕竟一个人的时间和精力有限，找到人生最重要的那20%

的事，集中精力做这些事，持续精进，才能更快地得到想要的结果。

方法四，自我激励，顺应人性来犒赏

喜欢拖延的人其实都很喜欢惩罚自己，因此很容易让自己陷入自我否定的负面情绪当中。

而奖赏是一种正面的激励，当你在取得一些进步后及时地激励自己，让自己体验到成就感，就会更有动力去改变，从而减少拖延。

当我们觉得自己动力不足的时候，可以使用"诱惑绑定"方法。简单来说，就是把一个你并不享受但却能给你带来长远利益的行为，与一个此时能让你感到快乐的行为绑定在一起。

举个例子，如果你不喜欢看书，但又想培养和保持看书的好习惯，不妨把看书和你特别喜欢的某种食物绑定在一起，只有在你看书的时候才能吃。如此一来，就会更有动力去做这件事。

同样，如果在副业的道路上，遇到了让我们犯难的事，也可以用这样的捆绑方法，让自己摆脱拖延。如我自己每次拿到一笔副业收入以后，都会给自己买一个小礼物。礼物本身并不值多少钱，但却是对自己努力的嘉奖。

《世界上最伟大的推销员》作者奥格·曼狄诺说过："我的幻想毫无价值，我的计划渺如尘埃，我的目标不可能达成，一切的一切毫无意义，除非我立刻付诸行动。"

实现目标的关键是具体的行动。想都是问题，做才有答案。有行动，就是成功的一半。只要我们一步步踏实去做，最

终就能将它变为现实。当你按照以上流程来执行，你会发现自己真的在慢慢变得更自律、更高效。

牛刀小试

（1）你是一个爱拖延的人吗？结合前文，思考一下内心拖延的深层原因，你该做哪些调整？

（2）现阶段，你给自己设定的副业年收入目标是多少？你又会怎样运用"收入＝产品单价 × 流量 × 转化率"这个公式，来拆解自己的目标？可以先填月度或季度的计划，方便近期落地。

收入（   ）＝ 产品单价（   ）× 流量（   ）× 转化率（   ）

举例：10240（月度营收）＝ 1280（训练营产品单价）× 40（潜在客户数量）×20%（成交转化率）

3.3 输入力：攒到更有价值的信息差

在带学员写文案的过程中，我经常会被问到这样的问题："思林老师，每天看你不到半小时，朋友圈文案就写好了，你到底是怎么做到的？"

其实，我们的知识系统就好比一个粮仓，粮仓的储备量是有限的，如果我们一直消耗粮食，但从来不往里面增加粮食，我们的思维运转就会受到影响。

所以，要学会看书，学会记录，学会思考，不断地获取新知。

3.3.1 高效输入，从阅读开始

一直特别喜欢一句话："脚步丈量不到的地方，文字可以；眼睛到不了的地方，文字可以。"

阅读能够带领我们去脚步无法到达的地方。它打开了一个全新的世界，让我们能够体验不同的文化、历史和思想，也是最好的输入方式。

3.3.1.1 主题阅读，带你高效获取信息

在《如何阅读一本书》里，作者提到了阅读的四个层次：

第一层是基础阅读，就是能识字认句，能读懂每句话的意思。

第二层是检视阅读，指的是快速浏览一本书，了解作者是

谁，书的内容主要讲什么，可以初步判断是不是自己感兴趣的，值不值得自己花时间全文阅读。

第三层是分析阅读，指的是完整仔细地阅读一本书，把书的骨架拆出来，了解作者想要表达的思想，以及表达的逻辑思路是怎样的。

第四层是主题阅读，就是针对同一个问题，把很多书放在一起对比，找到对问题不同角度的看法，彻底认识问题和解决问题。

我个人更加偏向于主题阅读，习惯于针对自己想要深耕的领域，把相关的书籍一起买回来，通过对比、分析、提炼，找出其中的共同点和差异，进而识别出关键知识，增强对主题的全面理解。

莫言曾说过："读书，是改变自己最好的方式。"**而读书的目的，不是"读完一本书"，而是"获取对我们有用的知识"。**

如果你想精进管理学，那就买科特勒和德鲁克的书；对心理学感兴趣就看费斯汀格和弗洛伊德。我在副业的初期，就选择了 Susan Kuang 的《斜杠青年：如何开启你的多重身份》、徐悦佳的《影响力变现，你不必讨好所有人》、张丹茹的《副业赚钱》、樊登的《低风险创业》、王一九的《从 0 到 1 打造个人品牌》等书籍，进行主题阅读，还写了整整三本文字笔记。这些都为我后期形成自己的知识体系，奠定了扎实的基础。

当你想快速解决某个问题，或者掌握某种新技能，就应该围绕一个核心进行主题式阅读，你会发现它可以让你在短时间内掌握某个领域的精髓，从而得到行业的共识和规律，而不是局限于某一个作者独特的观点。

主题阅读法就是这样一种不仅能够更加高效地获取知识，还能在阅读过程中不断提升自己的认知能力和思考深度的高效方法。

3.3.1.2 善用工具，好记性不如烂笔头

很多伙伴问过我一个类似的问题，刚开始看书的时候，总是抱着一腔热情，进度也特别快。慢则一两天，快则一晚上看完了。但最后发现，只是看个热闹而已。因为没有做笔记，所以对书里的内容印象不深刻，更别说把有用的内容用到生活里了。

常言道："好记性不如烂笔头。"在阅读的时候我一直有做笔记的习惯，而且都存在手机软件幕布和石墨文档里。这样的好处就在于，每当我想查资料的时候，可以在笔记软件中直接搜索，马上能清晰地看到自己当时的笔记，无须繁琐地把每本书都翻开一页一页去找。

每天晚上临睡前，我还会在手机上对自己当天的读书笔记进行回顾，以便更容易记忆和理解所读内容。特别是在阅读工具书的时候，用上幕布 App，能让我们在不经意间搭建出自己的知识框架。

勤做笔记，善用工具，能帮助我们大幅提升阅读效率。因为对于个体创业者来说，效率就是生命。效率并不是纯粹地求快，而是你的每一次选择和努力，都是未来幸运的伏笔。

3.3.1.3 反复精读，才是读书的最高境界

同样是读书，有的人读完记忆深刻、过目不忘，有的人读

完,却什么也没记住。是因为前者天生拥有好记性吗?

答案当然是否定的。克里斯蒂安·格吕宁在《快速阅读》中说过:"读一遍就想完全理解并且记住整本书的内容,几乎是不可能的,几乎所有的阅读高手都有反复阅读的习惯。"

精读一本书,如织一张网。《快速阅读》中介绍了"321阅读"法。这种方法就是对同一段内容分别用3分钟、2分钟、1分钟来阅读,具体步骤如下。

第一遍:用3分钟读完一段文字,然后复述。

第二遍:同样的文字,要求用2分钟读完,读完依旧复述内容。

第三遍:还是同样的文字,本轮要求在1分钟读完,并且复述内容。

古语有云:"读书千遍,其义自见。"不管从事什么样的行业,不管学什么,**重复都是学习的重要方式**。很多人总在找学习的方法、学习的捷径,其实最好的捷径,就是踏踏实实地重复做事。当你能反复做同一件事,自然能够得到自己真正最想要的结果。

自开启副业以来,每个月我都会坚持读3~5本书,每天晚上10:30~11:00就是我的读书时间。千万不要小看每天半小时的日积月累,时间会给你惊喜。另外,我相信创业,考验的是一个人的综合能力。所以,我们还需要不断提升自身的商业思维和营销思维,学习心理学、管理学等专业知识。

我把阅读的书籍分为以下三类。

第一类：感受类书籍——韵之书

这类书以虚构类型居多，如《达·芬奇密码》《罗密欧与朱丽叶》《哈利·波特》等。

阅读这类书就是为了享受、体验、沉浸其中，所以不要带着刻意目的，放松感受就好。

第二类，工具类书籍——术之书

比如，《时间管理七堂课》《写作是最好的自我投资》《洋葱阅读法》《即兴演讲》等。

阅读这类书籍的目的是懂得或者记住一些知识，掌握一项技能。所以，我们要做有取舍的精读，着重记录其中关键的知识点。

第三类，认知类书籍——道之书

比如，《穷查理宝典》《批判性思维》《财富自由之路》《认知天性》等。

这类书一般都比较晦涩，需要你一字不差地仔细阅读，才能掌握其精髓。读完了之后，我们也许会很快把内容忘掉。或者有种无从应用的感觉。但是它会在我们的脑子里种下种子，有机会时会长成参天大树。

如果把阅读比作爬山，第一类的书就像下坡，越走越舒适；第二类的书是走平地，需要花点小力气，但需要坚持；第三类的书是上坡，阅读这类书像爬坡一样累，但是随着你不断往上爬，你看到的景色不仅更加广阔而且更加动人。

那么对于创业新手来说，如何在有限的时间里，充分利用时间，合理配比以上三类书籍呢？这里推荐一个532模式。**也就是50%工具类书籍、30%认知类书籍和20%感受类书籍。**

532的选书"配方"，能让新手短时间内，在专业领域有大量输入，也结合了认知提升类书籍和滋养感受类书籍。当然，具体情况也视自身的状况而定，不拘泥于此，随着从业经验的丰富，我们可以减少工具类书籍的比例，增加认知类书籍的比例，力求道与术相结合。

看到这里，如果你也蠢蠢欲动，期待在书中遇见更好的自己，那么在副业初期，推荐你可以读一读下面几类书。

（1）创业思维启蒙类：《从0到1：开启商业与未来的秘密》《低风险创业》《精益创业》《创业清单》。

（2）自我管理和领导力精进类：《思维力：高效的系统思维》《可复制的领导力》《哈佛商学院最受欢迎的领导课》。

（3）心理学类：《逆商：我们该如何应对坏事件》《影响力》《金钱心理学》。

（4）营销类：《引爆点》《人性的弱点》《营销管理》《销售就是玩转高情商》《市场营销》。

读书是一辈子的事，所以要规划好读书的时间。找出一天中最不会被干扰的时间段，让自己养成定时阅读的习惯。如清晨时间、通勤时间、吃饭时间和睡前时间。根据自己的情况，安排固定的时间阅读。每次阅读的时长也不必太长，微习惯更容易让我们坚持。

最后请相信，你读的每本书都将拓宽你人生的视野！当你一本接一本地阅读，积累到一定的程度就会发现：胸中有墨水，便能对着美景出口成章；脑中有积累，便能与传奇的往事产生共鸣。

读书就像吃饭，你读过的文字终会变成营养，给你提供成长的能量，并在日复一日的岁月里，影响你的气质、改变你的谈吐、丰富你的灵魂。

3.3.2 懂得付费，不走弯路

如果你现在想学习英语口语，摆在面前有两种办法：一种是自己学免费的；另一种是要花几千元报课学习，你会选哪一种？

我相信一定有些伙伴会选择免费的，毕竟现在市面上不乏很多免费课程。既然如此，为什么还有付费课的存在呢？

3.3.2.1 只有付费，才会重视

当我们有各种免费资源的时候，大部分人也许会选择三天打鱼两天晒网。"躺"在百度云里的各种学习资料也很多，但我们总觉得没有时间认真学习。说到底就是因为我们没有花费任何成本，所以不会珍惜。但是付费学习就完全不一样了，为了不让自己白白花钱，你会自发地去重视学习这件事，从而真正提升学习效率。所以，免费的才是最贵的。

记得我刚开始学习个人品牌时，报名的第一个课程收费7000元，当时我犹豫了很久。因为那时的我，接触的都是百元左右的英语课。

可是当我抱着试试看的心态，真正走进了这个圈子，才发现付费学习，真正带我开启了不一样的世界。我不仅学习课程

更用心了，手写了很多笔记，还积极参加社群里的路演和各种小组活动，很快就开启了个人品牌的第一次变现。

另外，我还链接到了很多知识付费界的前辈和牛人，有多本畅销书的作家、福布斯创新企业家、百万粉丝博主、大学老师、硅谷的科技精英等。这些都让我见识到了更多的可能性，开阔了自己的视野，提升了成长的动力。

3.3.2.2 只有付费，才能避坑

在学习圈中有句中肯的话："付费就是捡便宜"。付费学习可以让我们少走很多弯路。不管学什么，向有结果的人学习往往能拿到比较好的结果。

所以如果你是某个领域的小白，想要快速入门，最好的办法就是找好的老师，直接付费链接。这样你学到的会是这个老师很多年摸索出来的经验教训和方法论，以及他的整个知识体系，这比你自己一点点去摸索要省时省力。所以找好的老师，抄老师的"高分作业"，绝对是件性价比很高的事。

3.3.2.3 只有付费，才有所得

其实付费也是一种感恩的行为，而越感恩的人，拥有的也会越多。

当你愿意为价值付费，说明你是一个懂得付出的人，而不是一直想要向别人索取。这样就会吸引更多同样感恩体质的人向你靠近。

但是我也要提醒你，并不是所有的付费课程都是高质量的，还要综合判断一个老师的实力和人品。所以我们需要仔细辨别，慎重决定。

我自己从 2014 年就开始线上付费学习，买过很多课，也跟过很多老师学习，还默默自学过很长时间，在付费学习方面，避开了一些容易踩的坑。

不运用知识：无实践，不成长

我一直是知识付费的热衷爱好者。不像有些女生爱买衣服、买包包、买化妆品，我的全部爱好就是买课。像是沟通、写作、商业、营销、时间管理、投资、心理学、易经等课程，我都买过。

可是后来我发现，买课和买衣服不一样，买完衣服，它就属于你。可是买完课程，课程还不属于你，至少课程背后代表的技能，还不属于你。所以，当你没有实践，没有真正努力改变，再多的学习，也不等于成长。

到处拜师：无聚焦，不收获

其实学习最高级的方式，就是跟随一个老师长期学习，学彻底。但大多数的人，都无法做到真正聚焦。总是看到别人在学什么，自己也开始跟风去做，最后没多久就不了了之。

很多讲创业的书籍里，一定会提到聚焦，讲到舍九取一，其实跟随老师也是一样，不能贪多，不能求快，欲速则不达。只有找对一位老师，长期学，你才能真正学到精髓。因为他的一言一行都会深深影响到你。

我自己选择老师的时候，会通过观察他的生活状态，做综合的判断。如：他是如何对待家人、朋友和这个世界的，他是否心怀慷慨和感恩等。一旦选定以后，会一路深度追随。

畅销书作家张丹茹老师是我个人品牌的启蒙老师，也是我追随时间最久的老师。在报名之前，我翻阅了她的很多朋友圈文案、公众号文章，还全程听了几场她的直播分享。很幸运的是我在直播间提出的问题，被她看到并且她为我进行了深度解答。我相信"看见他人"是一种最珍贵的品质，于是直接选择了付费近六位数，与她深度链接，最终她也助力我拿到了从未想过的副业成绩。

所以，选对老师能让你少走弯路，那些花出去的学费，都会变成你未来美好人生的铺路石。

只在乎道心或术法：道术结合，行稳致远

在我看来学习的意义，不仅仅是为了追求财富的提升和增值，更应该注重个人的成长。

因为财富本身，并不能解决我们生命中的所有烦恼，而一些内心深处的卡点，不仅会影响我们的情绪、幸福感，而且会阻碍我们前进的脚步。

那些看不见的世界，深深地影响我们看得见的世界。所以现在的我，正逐步将"术"和"道"的学习相结合，提升自己的同时赋能学员，为未来的人生注入新的智慧和能量。

在知识付费领域打拼了九年，我深深觉得为知识买单，为经验付费，找到对的老师，优质的圈子，花钱买他人的经验，避免踩坑，绝对是最快的成长之路。

3.3.3 学习妙招，十倍加速学习

在这个快速发展的时代，无论是职场新人，还是工作多年的"老油条"，又或是想要大展拳脚，开拓一番事业的创业者，

都能明显感觉到当年在学校里学的知识完全不能胜任眼前的挑战，终身学习的重要性不言而喻。

在我看来，终身学习不仅仅针对一些专业上的知识、技能，而是要从各个方面入手，提高自己的综合能力。这其中包括学习能力、沟通表达能力、管理能力等。

妙招一，重复，学习的窍门

在学习的道路上，很多人都希望能找到真正的捷径，最好能像武侠小说中的主人公一样，靠一份神秘的武术秘籍，让自己成为武林高手。但我却觉得学习的真相是残酷的，那就是学习没有真正的捷径，要想成为学霸，唯一的捷径就是不断重复、不断地刻意练习。

真正的高效学习者，不是形式上的"多"与"快"，而是那些脑子里总是反复琢磨着"为什么"，不弄懂就吃不下饭、睡不着觉的人。因为学习是一个持续积累的过程。

我自己曾经手把手带过上千名文案学员，但是最开始的第一个月，一定不是样样都教，而是带他们先聚焦和深耕朋友圈文案，每天输出5～8条，并且反复打磨，手把手指导修改。因为只有在这个重复的过程中，学员的素材整合能力、文字表达能力，才能真正得到肉眼可见的提升。**而那些在副业上快速拿到结果的人，都有一个共同的特质，就是基本功足够扎实。**

通过不断探寻学习背后的底层逻辑，我们才能真正理解知识的内涵，掌握技能的精髓，实现由量变到质变的飞跃。

妙招二，耐心，学习的基石

人都有避难趋易和急于求成的天性，然而真实的学习捷径是：要想取得最后的成功，就必须保持足够的耐心。

学习结果和时间的关系，并不是我们想象中的那种简单的线性关系，而是波浪式的上升曲线。刚开始进步会很快，然后到了一定时间，进步的速度就会变慢。只有积累的足够多，之后才会攀升到下一个快速上升的阶段。

曾经有学员问我，如何快速提升自媒体技能？我的答案是：如果想要拍视频，那么就先抱着"拍烂100条"的心态；如果想要写长文，那么也请以"先写100篇垃圾"文章的念头马上行动；如果想从事直播，那么就请先从"讲砸100场"开始。在这个急于求成的年代，耐心才是最大的智慧。

不要因为自己进步缓慢而沮丧，也不要因为他人的成长迅速而焦虑。耐心不光是毅力使然，更是具有长远目光的结果。

妙招三，分享，学习的试金石

我们都知道费曼学习法，检验一个知识有没有被掌握，最好的方式就是将你学到的知识讲给一个不懂的人听。如果他能听懂，证明你真的掌握了。

这种分享，可以是向他人讲述相关的知识，也可以将其梳理成几篇文章。一来可以检验你的学习成果，并且加深了记忆；二来可以让你的表达能力得到加强。

比如，每当我们看完一本书，就可以思考用这本书的知识，能写成一篇什么样的文章。为了完成这篇文章，还需要掌握哪些知识？这样就会强迫我们回忆并且整理自己的所学。

每次当我学到了新的知识和技能，也会第一时间为学员同步分享，这样不仅能给信任我的人持续带来价值，还能检验自己的学习成果。所以,教也是最好的学。

在生活中,我们每天都会接触到形形色色的人和事,除了阅读、听课和学习以外,其实任何启发性的话语和感悟,都是输入。

多读好书,从书中学,付费给老师向高手学,多次重复耐心学,学完后多用多分享,这些都足以改变我们的人生轨迹。

牛刀小试

(1)根据本节的内容,用"523读书配方",列出你的副业书单。

(2)回忆一下自己知识付费的经历,哪笔付费对你帮助最大?你觉得自己做对了什么?

3.4 表达力：将想法化作个人影响力

曾经的我，特别羡慕那些口才好的人。在谈判桌上，靠出色的谈判力签下一张张订单的销售；在演讲台上，慷慨激昂，引发听众的共鸣的演讲高手；在工作中，依靠卓越的表现和出色的沟通能力，赢得领导的青睐和同事信任的成功人士。

罗振宇曾经说过："当下社会最重要的能力就是表达能力。"

在一定程度上，一个人的口才是否高明，关乎着他事业的成败，如果说知识是人生的财富，那么口才就是人生的资本。

3.4.1 练就好口才，引爆演讲力

曾经看过这样一个有趣的调查，在 3000 名普通居民对"最恐惧的事物"的调查中，"当众讲话"以 41% 的高比例位居第一，居然比死亡（位列第二）更让人恐惧。

以前的我在一些重要场合讲话前，也会脑袋一片空白，仿佛已经不会思考。感觉自己的头，像被塞了铅块一样沉重。但其实一切并没有那么可怕。

记得当我招募到第一批学员的时候，在每周的直播密训前，我都会非常紧张，明明准备了提纲，但总是特别害怕忘词。

其实，在做副业的道路上，无论是做直播、腾讯会议分享、线上答疑还是线下闭门会，出色的口才都可以为你的最终成功打开局面。

3.4.1.1　勇气和自信，是最大的才华

当你觉得紧张的时候，最好的方法就是去掉一个"羞"字，丢掉一个"怕"字，树立一个"敢"字，直接发言，因为勇气和自信，就是最大的才华。

以前我特别畏惧直播，害怕面对镜头，更怕因为忘词而尴尬。其实所有的焦虑，都会在你开始行动的那一刻烟消云散。每次当我选择直接按下直播的开始按钮，瞬间就会忘记了紧张，把全部的注意力都集中在分享本身。

有的时候我们还可以用玩笑的形式先自黑，直接把你的紧张状态告诉听众，这是我在做分享时经常会用的技巧。因为当你自己释怀了，反而会显得你很有经验。

此外，分享的整个过程记得面带微笑，保持适中的语速，不要因为紧张一味地开快车，忘词的时候多和听众互动，尽量多讲短句，这样自己也会感到平静和放松。

3.4.1.2　凡事提前准备，是高级的智慧

提高演讲技能的最好方法，其实还是提前练习、练习、再练习。你可以在这个过程中，找到自己的舒适区，并掌握演讲的内容。

而克服恐惧和焦虑的最好方法，也是准备、准备、再准备。每次当我遇到重要场合需要直播或者分享的时候，都会在通勤的路上，临睡前反复背稿练习。因为只有当你对内容感到烂熟于心时，才能更好地向听众表达。

也可以把你的想法、引用的例子记在笔记本上，在遗忘的时候可以随时提醒自己。正如《礼记·中庸》中说的："凡事

预则立,不预则废。"

无论在什么样的场合,只要我们能够做好事前准备,就能提高效率、增强信心、取得成就、获得满足。这是一种智慧、一种态度、一种习惯,更是一种艺术。

3.4.1.3 框架清晰,是好口才的核心

一场好的演讲需要一个结构清晰的框架,它可以让你的演讲观点更有层次感,让听众听得津津有味,清晰明了,也会令人印象更为深刻,使演讲更有黏性。

最常用的框架有以下三种。

总分总结构:先抛出观点,给出2~3个理由,再找出经典案例,最后再总结观点。如副业的重要性——开启副业的五大步骤——最后总结。

时间轴结构:从过去、现在和未来三个维度,将不同的事物联系起来,并赋予清晰的逻辑。每次做分享,我都会先提自己一路的副业经历,用的就是时间轴结构,甚至会细化到每一年。

金字塔结构:也就是我们经常见到的"问题—原因—对策—结果"的结构模型,用问题引导结果。讲课的时候,我经常会用这款模型,先抛出一个问题,如令人过目不忘的文案应该怎么写?然后剖析这个问题出现的原因,因为现在打开朋友圈,到处都是各种广告,到底应该怎么写,才能避免无效刷屏呢?接着给出具体的写作步骤,即课程的核心,最后做出总结。

通过以上三种框架的反复练习,就能给自己建立一套清晰的思维体系,你的语言也会更清晰有逻辑。

其实，演讲的最高境界就是内外兼修，不仅仅要会说，更重要的是内心深处要做到知行合一，才能发挥出更大的影响力。

3.4.2 提升写作力，让思想绽放出生命的火花

很多人都在苦恼一件事，就是自己想学习、想读书，但又容易犯懒，无法自律。但其实本质上，这不是自律的问题，而是你没有输出的压力。

还有一些人，买了不少课，学了很多，但总觉得记不住，收获不大，这本质上也不是因为记性不好，而是因为没有用输出来归纳提炼对自己有触动的部分，从而指导自己的行为。

解决以上两个问题的最好方法，就是写作。因为写作，是最有效的输出方式。那么如何才能思如泉涌，流畅表达呢？

3.4.2.1 观察生活，做一个积累素材的有心人

生活是写作的源泉，想要下笔成章，就要学会用心观察周围的一切。

从日出日落的美丽景色，到街头巷尾的小人物故事；从四季的更迭变化，到人生的喜怒哀乐。每一个瞬间，都可能成为我们写作的素材。

所以时常刻意练习写作的人，自然对素材的把握更加敏锐。他们可以用眼睛去捕捉，用耳朵去聆听，用心灵去感受，将这些点滴积累起来，成为笔下的宝藏。

对于文案写作新人，我会推荐他们先从百字左右的朋友圈文案开始写起，因为内容不长，对新手来说特别友好。但在这个过程中，你会收获前所未有的成长和周围人欣赏惊叹的眼

光,这就是文案的魅力。

当你养成朋友圈文案的写作习惯,就会发现生活圈的素材无处不在,我们可以从衣食住行、娱乐、亲情友情爱情等多个不同的维度去写,你的思维也会变得更加开阔。

对于一篇好的文案,金句是其中的灵魂。所以,练习写作也能培养自身看书、看剧、看电影、随手记录好词好句的习惯。

同时,你还会养成深度思考的习惯,让自己的大脑不断升级。你会经常思考这些金句,跟你生活中的什么事有关联,当你思考得越多,自然就会更通透。

毕竟生活中的美好与平凡,都值得我们珍惜和记录。通过观察生活,我们能更深刻地理解人性和世界,从而在写作中赋予文章更多的情感和意义。

3.4.2.2 采访他人,做一个故事的收集者

除了自己的观察和体验,我们还可以通过采访他人来获取素材。与不同的人交流,了解他们的经历、梦想和感悟。这些真实的故事,会为我们的文章增添更多的色彩和情感。

采访的过程也是一个相互学习和交流的过程,我们能从他人的故事中得到启发和灵感。从而更全面地了解世界,也能让他人的经历成为我们写作的素材,传递更多的温暖和力量。

记得我曾经在某个副业社群认识了一位朋友朗朗,她特别钟情写作。我们约了一次云咖啡,我鼓励她通过写作开启副业变现,还给了很多相关的建议。为了感谢我,她主动提议要给我做一次深度的专访,并且写成了一篇个人故事长文。

通过这次试水,她找到了自己的定位"个人品牌故事教

练",我俩也成了深度链接的盟友,每次在群里亮相分享,我都会邀请她作为我的主持人,一起在副业的路上携手前行。

3.4.2.3 勇于实践,别让完美主义拖了后腿

写作的第一阶段,就是先打草稿,不必太注重遣词造句。千万不要字字斟酌,这些可以留到日后再做,安安心心把初稿完成。有句话叫:"十分文章,三分写作,七分修改"。好的文章一定是反复修改出来的。

其实写作属于"实践类"的技能。看再多的写作指导书,都不如自己动手写一篇。无论是写书还是写朋友圈文案,我都会先遵循"想怎么写就怎么写"的原则,动手下笔写出草稿,先完成再完美。

记得娜塔丽·戈德堡在《写出我心》中说过:写作时,不要说"我将写作一首诗"。这种心态会使你当场呆掉。尽量不对自己有所期许,坐在桌前说:"我有写出世上最烂的垃圾的自由。"

所以,趁此刻,趁有感,趁天色正好,纸绵墨利,写下属于你自己的所思所想,以写促思,也许不完美,但一定是最真实且充满了生命力。

3.4.3 持续分享,助推成长的加速器

无论是对于想要打造个人品牌还是实现个人成长的人,持续分享都非常重要。你会从中收获巨大的成长,而且得到正向反馈。

记得我的好多名文案私教学员,都是通过一场社群分享,直接报名了我的万元私教课。所以好的分享能力,可以帮助我

们轻松链接同频的人，也是个人成长的助推器。

3.4.3.1 不拘泥于形式，先行动起来

曾经很多人问过我，自己也想通过分享，锻炼自己的表达能力，但是应该采取什么形式呢？

我的答案是：任何形式都可以。如文字写作、制作视频、发送分享语音、写书立传、一对多举办线上线下专题讲座、研发主题课程、在社群文字分享、线上直播、一对一咨询等。可以是文字，可以是语音和PPT，也可以是视频展示。最重要的是利用一切场合、各种机会进行持续展示和分享。

因为无论是哪种表现形式，**语言都是思维的外壳**。这里的"语言"，同时涵盖了写与说。因为两者的源头是相通的，既能相互影响也能相互促进。只要抓住每一次分享的机会，使之相互自如转换，就能够使写与说的能力同步提高。

3.4.3.2 步步为赢，在实践中成长

持续高效分享最快的上手方式就是从自己感兴趣、擅长的领域开始，分享有关内容，由浅入深，由少到多，由粗到精，循序渐进，步步为营。

从每天3～5分钟的刻意练习开始，一次次加大难度。通过一场高质量的分享，我们可以展现自己的成就事件、用户案例、稀缺性或实际效果，从而引发听众的好奇和渴望。

同时，每隔一段时间，对已经分享的内容进行总结归纳，汲取精华进行二次分享，并对自己进行适时奖励，可以激励自己不断前行。

3.4.3.3 用户视角，方能打动对方

同样的分享内容，如果想要真正打动用户，就要从用户角度出发，满足受众的当下需求。也就是知道自己要讲什么，讲给谁听，解决什么问题，并且想方设法给到用户超预期的体验。

因此，要时刻以"用户思维"来思考问题，也就是关注受众的体验和感受，你的分享才会更加高效。

中国著名翻译家傅雷先生说过："一个人只要真诚，总能给人留下深刻印象。即使人们一时不知道，以后也会知道。"

所以，**真诚是分享的灵魂**。只有当我们真心实意地分享自己的经历、想法和感受时，才能够引起他人的共鸣，让他们感受到我们的真诚和信任。

最后，一个人的努力成长，是不会有边界的，所以放心突破自己。当你不断地输出，将生活写成文字，将思考持续延伸。终有一天，我们的生命也会因此得到见证！

牛刀小试

（1）你平时输出的形式有这些吗——写公众号文章、写书、写朋友圈文案、拍短视频、做直播、社群或语音文字分享等，如果没有，鼓励你赶紧行动起来。

（2）你输出的频率如何？是日更输出，还是周更输出？结合自身实际情况，给自己规划一个合适的输出频率。

3.5　案例拆解：普通人如何在副业中最大化成长价值

相信看到这里的你，也希望能靠着自己的努力，创建出属于自己的一番事业。

但究竟什么因素能帮助我们在事业上取得成功呢？是学历还是能力？是选择成为全才还是通才？接下来的案例会告诉你答案。

3.5.1　放弃考研，学习力比学历更重要

在我自己开启副业的最初阶段，也曾经面临着选择的十字路口。当我满腔热情地把所有的考研资料抱回家，内心却响起一个声音："学历，究竟重要吗？"

很长一段时间，我也很在意学历的高低，仿佛会下意识觉得，学历高就等于这个人很厉害，很能赚钱。"名校高学历"的毕业背景天然就会成为就业市场选拔人才的社会背书，在很多时候更是属于自己的一项社会资源。

可是，在现实中经常听到这样的报道：某985大学生毕业扫大街、某硕士生卖猪肉，让我们忍不住思考，学历与能力对等吗？

答案是否定的，工作经验越久，你越能感受到学历只是块敲门砖，关键还得靠自己的能力。就是因为悟透了这句话，彻

底改变了我的人生。我果断放弃了考研，开始了线上学习，打磨自己的一技之长，也因此书写着崭新的副业版图。

无论是错过了读研机会，还是和大学生涯失之交臂，比起学习本身，一个人的综合能力才是最重要的。我的私教学员悠悠，是我见过最能吃苦的"90 后"，她出生在广东一个四线城市，是家里的老大，下面还有四个弟弟妹妹。因为家境贫寒，她只能依靠学校的补助读完了初中和高中。高考的时候虽然凭着自己的努力考上了本科，但由于家里实在拿不出钱供她读书，何况还有弟弟妹妹要照顾，于是只能放弃了深造的机会。

在主业上拼搏了好几年，本来准备竞争经理职位的她，却因为学历问题被迫出局，她只能开始在线上寻找副业的机会。由于崇尚中医，喜欢养生，于是选择为公司代理销售产品，可最初只会跟着公司转发活动和产品信息，效果甚微，更别说赚到钱了。加入我的私教班时，她说自己正经历人生最难熬的时刻，在频繁浏览我的朋友圈，并一点点模仿着我写文案后，身边的人都惊叹她的成长。她还把我的微信昵称备注成了"一生追随的师父"，说要一辈子跟着我，不断提升自己的综合能力。跟着我系统学习打造朋友圈以后，她代理销售的产品也越来越多，甚至在主业一天忙碌 12 个小时的情况下，副业收入轻松实现了日入四位数的金额。

学历只是一个人学习经历的一部分，它只代表了人们在学术领域的成就和知识水平，并不能完全衡量一个人的能力和潜力。一个人即使没有高学历，但是只要真的想做好一件事，持续地努力和专注，结果都不会差。因为，学历代表过去，能力代表现在，学习力代表未来。

3.5.2　全平台日更，主副业同修的他如何提升时间效能

若弘是我培训班学员，他跟我一样，既有主业又做文案相关的副业，但是有一点令我特别佩服。

据说他的主业特别忙碌，有时候一天都无法起身，连喝水上厕所的时间都很少。即使在这样的情况下，他每年依然可以完成多平台日更 200 天的输出频率，这其中到底有什么秘诀呢？

在遇见我之前，他和大多数人一样，下了班就想回家躺着，刷刷手机一整天就过去了。但是在 37 岁那一年，他遭遇了家庭的重大变故，他的父亲过世了。从那时起，他开始思考生命与时间的意义。后来他遇到了我，开始找到人生的目标，那就是通过文案书写不一样的人生。

每天清晨起床，他都会为自己定下明确的目标，即当天必须完成的任务，如更新朋友圈、小红书、公众号和视频号的内容。然后利用吃午饭、上下班通勤路上等一切碎片时间，开启高效创作。另外，让一份时间多次出售，同一篇文字稿可以用于社群分享、录制短视频、直播稿等，达到事半功倍的效果。所以，动机决定你是否开始，习惯决定你是否坚持。

而日复一日的坚持，让幸运降临在他身上。2023 年，他被淘宝头部塑身衣品牌、小红书头部教育博主发现，他们委托他全权负责年度大事件的朋友圈运营。

他周围的大咖每次需要文案，第一时间也会想到他，并邀

请他为自己的团队、学员分享自己的文案 IP 之路。

他说一直记得我曾说的一句话，"没有所谓的时间管理，只有个人平衡和取舍"。确实，时间是世上唯一对每个人都公平的资源，不会因你的地位、财富、能力，上天就多给你一秒钟。我们只能把有限的时间，聚焦在对目标最重要的一件事上，这样才能事半功倍！

毕竟把时间用在哪里，就决定了你会成为什么样的人！

3.5.3 反复精读，和美好的副业不期而遇

认识我之前，玉探是一个特别内向的人，不喜欢跟别人聊家长里短，但她酷爱阅读，无论走到哪里包里都会带本书，也看过很多名人传记，深受激励和启发，又因为在主业上遭遇难以突破的天花板，于是她果断开启副业，可是没多久就因为内向的性格，不喜欢追着别人销售，遭遇了副业瓶颈，连一个99元的训练营都招不到几位学员，信心受到重创。

一个偶然的机会，我们在线上结识，于是她开始跟着我学习。她说，文案简直太神奇了，打开了她新世界的大门，不到一个月，就有很多人反馈很喜欢看她的朋友圈，还有的客户看过她的朋友圈会主动找她下单，这项技能让她受益匪浅。

当她拿到我的畅销书《文案破局》后，便迫不及待地打开，第一件事就是看前言，因为书的前言能让人对整本书有个大致的了解；接下来就是看目录，详细了解整本书的架构，然后就是按照章节精读内容。

她第一遍用了一天时间快速阅读，因为这本书都是文案实

操干货，属于工具类书籍，内容的消化吸收需要一个过程。过了一周，她又开始看第二遍，这次边看边写笔记，把重要的知识点记录下来。然后在实践中，把内容实操一遍后又回头再次阅读，真正做到知行合一。

她说，这本《文案破局》已经来回读了十几遍，读书笔记也越来越丰富，而且她每次听课都特别认真，这种输入能力，让她快速成长，一年半的时间，她就开了十几期文案训练营，也很快招募到了自己的高价学员，轻松实现了日入过万元。

阅读不仅能丰富一个人的头脑，让人增长见识，还能够让人敏锐快速地捕捉到一些信息，毕竟信息差才是第一生产力。稻盛和夫也曾提到，赚钱最快的四条路之一就是信息差，若能掌握比别人更多或更准确的信息，你就能轻松占据优势。

我一直鼓励我的学员们多读多写，阅读是搜集信息，而写作（包括写文案、写读书笔记等）是对输入的检验，这种练习会让你短时间内拥有更快掌握事物本质的能力，也许可以改写你未来的生命轨迹。

牛刀小试

（1）读完以上三个案例，你有什么启发？有没有看到自己的影子？

（2）你会在自己的副业中，选择深耕哪项能力？建议只选一项主要的，一项次要的，说说你的理由和行动计划。

第 4 章　成熟期，如何打造你的终身资产

作为打工人，我们每个月拿到手的工资单似乎总带着一丝不言而喻的沉重。尽管每个人都在全力以赴，但总觉得理想的生活显得如此遥不可及。

于是，不甘于平庸的我们，开启了副业旅程。八小时内，在职场上不断探索自我核心竞争力；八小时外，尝试第二职业。我们在每一个平凡的日子里，努力地付出，寻找着价值与梦想的平衡点。

但是副业之路，并非一帆风顺，我们面临着心理、体力和脑力的多重挑战。只有保持初心，坚持长期主义，才能真正把自己的知识资源变为创收的商业起点，同时帮助和成就他人。

本章将介绍副业的第四个阶段——成熟期：如何才能将副业真正打造成我们的终身资产，让我们不仅能够拥有一份额外的稳定收入，还能从中不断提升自我价值。

4.1 个人品牌，构筑你的终身护城河

只要打开朋友圈，你会看到有些人，每天发的全是别人的课程链接或者海报。他们没有认真思考过，这样付出时间和精力，是否能真正提升自己的个人价值，是否可以做到可持续发展？

因为没有护城河的事业，都注定无法长久。

4.1.1 人人必修，打造个人品牌的五大理由

美国管理学者汤姆·彼得斯曾说过："21 世纪的工作生存法则就是建立个人品牌。"不只是企业、产品需要建立品牌，个人也需要建立品牌。

未来一定是许多超级个体崛起的时代，想要在激烈的竞争中脱颖而出，打造属于自己的个人品牌是每位创业者都必须做的事情。只有让你的客户通过你的个人品牌，了解你、认可你，他们才会愿意追随你并为你付费（图 4-1）。

个人品牌说得直白一点，就是你留在别人脑子里，是一个什么样的形象。但我认为，更准确一点的理解应该是：一个人的影响力。拥有个人品牌，用户会因为你这个人，而选择你卖的产品或者服务，而不是因为价格或者产品本身。这也就意味着无论你卖什么，都有信任和支持你的粉丝。

打造个人品牌五大理由

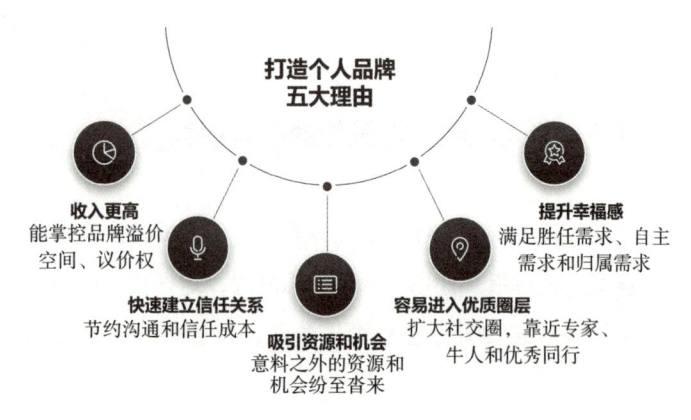

- **收入更高**：能掌控品牌溢价空间、议价权
- **快速建立信任关系**：节约沟通和信任成本
- **吸引资源和机会**：意料之外的资源和机会纷至沓来
- **容易进入优质圈层**：扩大社交圈，靠近专家、牛人和优秀同行
- **提升幸福感**：满足胜任需求、自主需求和归属需求

图4-1　打造个人品牌五大理由

很多人都以为只有做营销的人才需要个人品牌，打工族或者普通人不需要，其实只要你想让自己的事业发展得更好，链接到更多的优质人脉，就必须经营好自己的个人品牌。

理由一，拥有个人品牌，能够创造更多收入

现今工作环境总在变，行业也是瞬息万变，充满了各种不确定性。拥有个人品牌，会让事业变得更有保障。

想象一下，一件普通白色T恤，若单独拿到市场上卖，可能几十元一件都没多少人愿意买，但如果是刘德华穿过并亲笔签名的，他的粉丝想要花一万元都不一定能买得到。

做副业也是一样，同一份写作训练课程，一个不太出名的写手在网上卖，一个月可能只卖出十几份，一份可能只有几百元，但是如果是知名的业界大咖老师，如著名作家余华老师，一份几万元可能都有人抢着付费。

同样的东西，因为"出厂方"的个人品牌的差异，影响力强的人，产品自带溢价空间，也更能掌控议价权，进而能创造出更高收入。

理由二，拥有个人品牌，能更快地建立信任关系

无论是生活还是工作，我们都更愿意和自己信任的人打交道。通过自己的专业能力和综合素质，你的个人品牌将为自己树立起声誉，可以让你快速和目标用户建立起信任关系，从而实现商业价值。

就像在副业中，我们时常会被邀请在各种场合做自我介绍，很多伙伴经常会问我，如何能够快速破圈，被别人记住？

其实最好的方法，就是展示你的个人品牌成果，如你是畅销书作家、全网 10 万粉丝，或者有哪些里程碑事件。这些都可以帮你赢得对方的关注，快速建立信任。

理由三，拥有个人品牌，能带来意想不到的资源和机会

个人品牌能够使你快速地展示出专业能力和价值，能让你在竞争激烈的市场中、在众多候选人中脱颖而出，为你的事业助力。

比如，我们可以通过在自媒体平台，不断分享自己的见解，贡献有价值的内容，从而吸引行业影响者、媒体机构以及潜在客户的注意力。我自己也是通过在小红书平台输出内容，吸引了很多图书编辑、MCN 机构，它们为我提供了很多合作机会，让我的副业之路更加充实和精彩。

理由四，拥有个人品牌，能进入更优质的圈层

个人品牌可以帮助你扩大社交圈子，与更多的行业专家、跨行业的牛人和同行建立联系，为你提供更多的学习和合作机会。

我每年都会付费进入一些行业社群，链接到很多事业上的伙伴和盟友。无论是向行业领袖学习，还是与志同道合的人合作，追求梦寐以求的事业，抑或是探索全新职业道路，这一切都源自强大的个人品牌。

理由五，拥有个人品牌，可以提升你的幸福感

一个人的幸福感主要来自：胜任需求、自主需求和归属需求。当你满足这三大需求时，幸福指数会大大上升。

当你拥有个人品牌，意味着你在某个领域有足够的能力搞定难题，这就会满足你的胜任需求。这意味着你不会因为反复遭受挫败而感到自卑，反而会因为解决问题而不断提升自信心。

拥有个人品牌，更多资源和机会会主动向你倾斜，这意味着你会拥有更多的选择权，可以掌控更多，自主需求会在一定程度上得到满足。

同时，你还会得到更多关注，会有更多的人愿意与你建立联系，愿意支持你，归属需求也会得到满足。以上这些都能不断提升你的个人幸福感。

此外，当你觉得幸福，个人状态极其良好，这会反向促进你不断学习、成长，从而服务更多用户，个人品牌又得以增强，最终形成一个正向的增强回路。

所以，如果我们能够提升自己的个人品牌溢价能力，让单份时间变得更有价值，就能将能量转化为有效的财富，真正享受人生复利,开启美好人生。

4.1.2 价值赋能,极简的个人品牌三大要素

如今,小到生活,大到职场,在某一个领域,要想给他人留下深刻的印象,塑造个人品牌便起着至关重要的作用。

良好的个人品牌相当于优渥的社会资源,同时打造个人品牌,对自己也是一个重新认识、定位和提升的过程。

个人品牌涉及的内容广泛,对于做副业的伙伴而言,抓住下面核心三要素,就抓住了个人品牌的精髓,其他的内容都是围绕这三要素进行的(图4-2)。

基本功
1项突出的专业硬技能 +
多个复合软技能
01

极简的个人品牌三要素

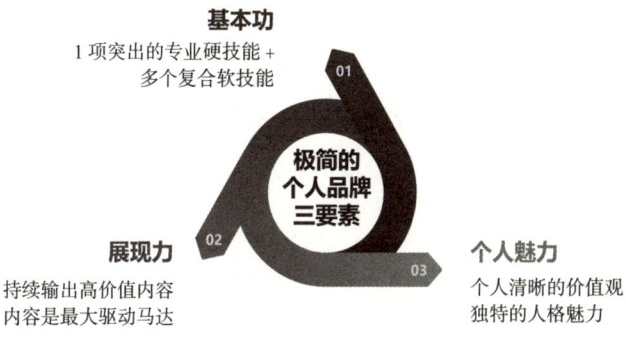

展现力 02
持续输出高价值内容
内容是最大驱动马达

03 **个人魅力**
个人清晰的价值观
独特的人格魅力

图4-2 个人品牌核心三要素

要素一,基本功:拥有专业硬技能和复合软技能

很多人认为,打造个人品牌只要懂营销,有没有内功无所谓。但其实,能力和专业素养,是塑造个人品牌不变的核心,也是最重要的基本功之一。

只有对自己领域的专业技能过硬，才能为用户解决他们面临的问题。我自己每年都会付费学习市面上各种文案课程，甚至购买国外营销大师的高价原版书籍学习，一方面可以迭代自己的课程体系，另一方面可以继续修炼自己的专业基本功。

所以，无论在哪个阶段，我们都要不断精进专业技能，先将某个专业技能"单点持续深耕，持续突破"，同时注重培养自己的其他软技能，如沟通能力、领导力、表达力、团队协作能力等，才能应对副业中出现的各种挑战。

要素二，展现力：持续输出高价值的内容

高价值的个人品牌一定是持续输出内容的。因为只有持续分享自己的内容、观点、方法，才能吸引精准的用户。

比如，你是个人品牌商业顾问，就要输出如何打造个人品牌的相关案例和干货，为用户提供价值。如果你是家庭教育指导师，就要每天分享育儿观点和方法，要让用户知道你做这件事是专业的。你的输出能力，藏着价值百万的个人品牌基因。

做个人品牌的意义，就在于人际交往互动中被目标用户识别，一点点攻占、渗透用户的心智。对于做副业的我们，没有太多额外的费用去投广告投流，唯有持续辛勤输出自己的内容，如通过朋友圈文案、短视频、公众号文章、直播、线下沙龙分享等，这些内容好像燃料一样，助推我们的个人品牌这支火箭冲上云霄。

要素三，个人魅力：明确自己的价值观

做个人品牌，必须有自己清晰的价值观，才能够为你吸引

到同频的用户。

比如，我自己在朋友圈呈现出来的价值观，就是"无我利他"原则，无论是带教学员还是为人处世，我都时刻践行这个原则。因为懂得感恩和付出的人，自然会得到更多回流，同时还能赢得更好的口碑和赞誉。当你的价值观影响力越大、信任感就越深，你也会变得越来越有价值。

掌握一项硬技能和多项复合软技能，不断展现输出，拥有明确的个人价值观，这样我们就能慢慢建立有影响力的个人品牌。

当然，修炼个人品牌需要一点一滴持之以恒，涉及形象、语言、行为、思维模式等。只有这样，我们的个人品牌才能够持久，我们也将因此收获一个不断增值的人生。

4.1.3 神奇地图：四步打造个人品牌

个人品牌，绝不只是换一个标签或者拍几张形象照展示自己这么简单，它是一整套体系，涉及个人特质、能力、形象，是对营销和传播策略的深入理解和精心规划。

我把个人品牌打造地图分为产品、流量、成交和交付四个环节，它们彼此间环环相扣，缺一不可（图 4-3）。

环节一，设计产品体系

所有的个人品牌都是依托于产品存在的，因为你的知识体系和经验本身，是无法直接进行销售的，你必须把它变成一个产品。因此打造个人品牌的第一步，是基于自身个性和优势，理解市场需求后设计出一款到多款产品。

产品
个人品牌变现第一步
满足痛点和需求
集中火力先做爆一款产品

流量
去公域和私域吸引
目标用户

四步打造个人品牌
01 02 04 03

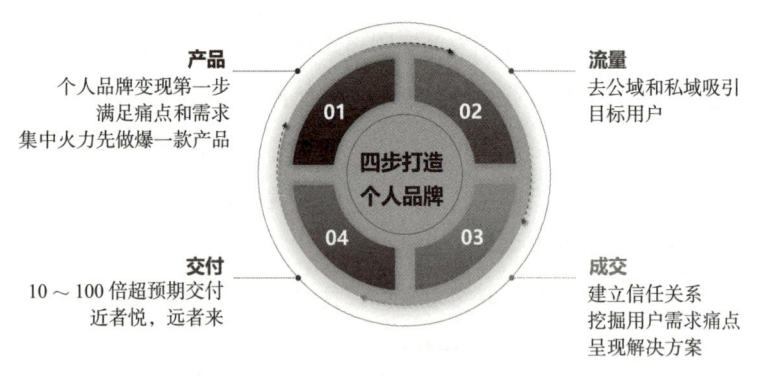

交付
10～100倍超预期交付
近者悦，远者来

成交
建立信任关系
挖掘用户需求痛点
呈现解决方案

图4-3 个人品牌打造环节

　　这里的产品可以是实物产品，也可以是像课程、电子书等虚拟产品。可以是分销形式，也可以由自己交付。一般来说，知识类IP通常可变现的产品大类有一对一咨询、线上音频课程、训练营、社群、私董会和线下课等。

　　但是，一定要站在客户的角度，设计能满足他们痛点和需求的产品。因为只有真正的好产品，才能赢得用户的青睐，开始时我们要集中火力先打爆一款核心产品，再逐步延伸产品线。

环节二，打开流量的阀门

　　当我们有了产品，如果想要把产品的价值传递出去，这时候就需要为产品做宣传，让更多人看到。那么去哪里为自己引流呢？我们通常把流量分为公域和私域。

　　公域是开放的场域，如各种自媒体平台。我们可以在知乎、公众号、今日头条上写文章，可以在小红书、抖音、视频号上发表视频，通过这些自媒体平台来介绍自己和自己的产品，让更多人看到。

私域是一个相对封闭的场域，一般我们可以通过在社群结交志同道合的伙伴，然后在朋友圈持续输出内容建立信任关系，来实现涨粉变现的目的。

环节三，实现成交转化

当我们按照前面的步骤，做了很多准备工作，包括定位、设计产品和引流，最后还要想办法实现成交。因为不能变现的个人品牌，是无法长久的。

这里的成交转化包括朋友圈自动成交、私聊成交和发售批量成交等。但是想要轻松成交的前提，是要摆脱"王婆卖瓜"式的销售方式，不要只顾着自卖自夸，而是真正站到客户角度思考问题。

建立信任是一切成交的基础，有信任才有成交。无论你现在卖什么，都一定要记住：你卖的不是产品，而是一套客户需要的解决方案。所以，真正的销售是在客户的需求痛点与梦想之间架起一座桥梁，最终帮助客户达成目标。

环节四，超预期交付

最后一个环节也是至关重要的，一定要做好超值交付，从而和客户建立一种超级信任的关系。

真正的顶尖销售，是用 80% 的时间服务老客户，帮助老客户解决问题，从而为自己持续带来好的口碑，实现持续的复购和转介绍，《论语》里提到的"近者悦，远者来"说的就是这个道理。

所以，我一直遵循一个原则，就是力求给予学员十倍百倍的价值。唯有如此，才能让双方终身受益，渡人渡己。

需要注意的是，以上的四个环节并不是单纯的线性排列，如在交付后，我们需要回到产品本身，根据学员的反馈进行及时调整和迭代。在打磨产品的时候，也需要提前考虑到后续产品的交付流程。

在成交这一环节，则可以检验流量的来源是否精准，从而考虑如何优化和调整输出的内容。总之，这四个环节在个人品牌变现体系中是环环相扣、相互影响的，需要全局通盘考虑。

再小的个体也有自己的个人品牌。在这个无限可能的时代，每个人都可以凭借自己的一技之长发挥价值，让自己过上有质量的生活。前提是得找对方向，长期践行！

牛刀小试

（1）你觉得打造个人品牌，对于你个人来说，在主副业以及生活中，会带来哪些价值？结合前文，请说出至少三方面价值。

（2）拿到这份"个人品牌打造地图"，你会如何从"产品、流量、成交和交付"四个维度，规划你的副业之路？先思考一下自己目前最需要提升的是这四个维度里的哪个维度？

4.2 产品系统，打造快速上手的差异化产品

产品是 1，其余是 0，所以没有产品，一切变现就无从谈起。我自己在最初打造个人品牌时，遇到的最大卡点就是看了很多书，也学了很多课程，仿佛懂了很多知识，但就是无法设计出属于自己的课程，也自然没办法变现。

直到经过不断摸索和尝试，又手把手带领上千名学员开启副业变现，才发现只要用对方法，设计产品其实没有那么难，甚至一周的时间就可以完成。

我们可以根据自己的优势特色，从以下三种路径中找到方向。

第一种：流量型 IP。

这类 IP 的运营思路是先聚焦流量，他们会在各大平台输出一些泛话题的内容，如女性成长类、情感类、婚姻类等话题，来吸引粉丝关注。

他们的感染力往往很强，输出的内容很容易引起粉丝的共鸣和喜爱，而且不需要精通某方面的专业知识。只要积累一定的粉丝，他们就可以依靠带货变现，如卖衣服、鞋子、茶叶、酒水饮料等，但因为产品的客单价较低，所以需要大量的流量支持。

第二种：技能型 IP。

这类 IP 精通某项技能，能在专业上给用户提供帮助。如

你特别擅长做 PPT、写作或者画思维导图等，就可以把方法梳理成具体步骤，再变成教学产品，然后直接变现。

技能型 IP 的主要产品有一对一咨询、训练营和私教等。哪怕你只是掌握了一个很小的技能，都可以通过口碑传播，或者在自媒体平台上输出垂直内容，从而找到精准用户直接变现。由于私教收费一般上万元，所以不需要很多流量，只要能吸引到精准用户，即可拥有一份不错的副业收入。

第三种：对标型 IP。

如果还不确定自己应该在哪个领域发展个人品牌、应该选择什么方向，以及如何去做。最快的方式就是找一个对标人物直接模仿。因为人们往往不会渴望未曾见过的事物，也不会轻易达到超越自己认知范围之外的高度。从模仿开始，这是创新的基础。

我自己和学员大都选择了第三种路径，因为找对标的目的是让我们更确定这条路是可以走通的，我们所担心的那些问题都是有解决方案的，我们会遇到的困难，已经有人遇到了。跟着他们深度学习，也就大大节省了我们独自摸索的时间。

起初，每当周围人听到我可以一周之内带学员打磨出属于自己的知识产品时，都觉得十分惊讶，但很多时候，选择比努力更重要，站在巨人的肩膀上，你的努力会更有价值。

4.2.1　三大准备，开启产品研发之路

苏格拉底曾经说过："未经过审视的人生，不值得过。"在我看来，设计变现产品是一个认清自己、了解自己的过程。

很多人认为一定要先找到个人定位，才能开始设计与之匹配的产品，最后却越找越迷茫，寻找无果后，只好以放弃告终。其实你完全可以先上手设计产品，哪怕只是一个不完美的最小测试版本，通过市场的验证、反馈，不断迭代后，你的个人定位才会随之清晰起来。

设计产品的心法秘诀就是先开跑，再调步子和姿态。不要怕丑，不要完美主义，不要玻璃心。先扔掉心理包袱，再谈技法。

而在技法层面，简单来说就是找到一个问题的答案，这就是：**你要为哪类人群，解决哪方面的问题？** 因为我们不可能取悦所有人，也不可能服务每一个人。只有通过深入地自我剖析，看到自己所拥有的，你才能充分发挥优势，为他人、为这个世界贡献一份力量。

准备一，盘活资源，从目标客户开始

认识自己这件事看似简单，却是世上最难的谜题。**你有什么不重要，客户需要什么才重要**。所以副业不仅仅是关注自身优势，更重要的是从了解用户开始。**先梳理一下你的朋友圈，找到那群最有可能为你付费的人**。

我在做副业初期，因为经常在各个群学习英语，所以添加了不少英语爱好者，为我销售英语课程积累了起步期的人脉基础。后来成了千人分销团团长，又链接到很多想做副业的伙伴，于是继续精进文案这项技能，为副业之路保驾护航。

所以，做个人品牌一定不能闭门造车。聚焦于正确的人，做正确的事，才是副业之路的首选。

准备二，深入调研，了解用户急需解决的问题

找到目标用户后，接下来很重要的一点，就是去找他们急需解决的烦恼，也就是痛点。

从生理学角度看，痛点就是人体柔软脆弱的部位，按压触碰或者刺激之后就会感觉到痛。从营销的角度看，痛点就是人性里的害怕情绪，也就是恐惧。那么，人究竟怕什么？

比如，生理上的怕：怕饿、怕痛、怕困、怕累、怕胖、怕生病。

心理上的怕：怕危险、怕黑、怕遗憾、怕孤独、怕社交、怕被人拒绝。

工作和学习上的怕：怕考不上理想的学府、怕找不到工作、怕工作中遇到挫折和失败、怕变穷、怕被骗。

我们可以通过以下方式，找到用户的痛点：

（1）从自身出发，把自己当成用户；

（2）通过关键词搜索，从各个平台相关博主的评论区寻找；

（3）借助工具，如利用百度指数、微信指数进行搜索；

（4）打进目标用户的圈子，通过他们的讨论、交流，了解他们的消费方式、需求和痛点。

找到用户的痛点，我们就可以开始设计一款 MVP 产品，也叫最小可行性产品。对于很多知识型或技能型 IP，建议做一对一咨询产品，因为咨询能更直接地展示和磨炼你的专业能力，也能帮助用户找到问题、进而解决问题。

一开始，我们可以做公益咨询，或百元以内的低价咨询，

在和用户的交流中，不断锤炼和应用专业技能，了解用户的需求，为后续升级训练营、私董、私教、产品全案等产品体系做铺垫。

通过这种方式快速推出初期产品，并立即推向市场获取种子用户，用小而美的调研方式获取用户反馈，并做持续性的设计优化和产品迭代，你的副业之路就会渐渐走向正轨。

准备三，投放测试第一款产品，先激活用户口碑

在竞争激烈的互联网江湖上，一路过五关斩六将的商业传奇人物马化腾，据说刚开始的构想只是想开发一款软件，解决人们无法快速直接交流的痛点问题，QQ由此产生了，没想到谱写了聊天帝国的传奇。

我的第一款训练营产品是"10天线上副业赚钱实操营"，当时没有设计课程大纲，也没有课程PPT，虽然只收费199元，但是我想把自己付费六位数学到的精华，分享给信任我的人，真正带他们解决副业中遇到的实际问题。

这个课程一推出就收到了各种好评，为此，我经常上课到深夜，学员们说怎么都听不够。课程结束的时候，我发售了自己的首期培训班课程，转化率达到80%以上，足以证明大家对我交付的满意程度。

所以，做副业的第一步应该是梳理自己微信好友的背景情况，去找到你最容易触达的人群，并且了解大多数人的潜在需求是什么，然后根据结果去设计自己的产品。

当我们在一个领域做得专业、做出口碑后，就会自动吸引更多不同类型的客户，根据新客户再开发出多元的产品，来满

足他们的需求，这才是迭代优化的最佳过程。

4.2.2 三大步骤，轻松做出"成长型"产品

在开启副业初期，很多人都试图设计出一款百分百完美的产品，然后通过引爆口碑实现变现。可是往往最后发现事与愿违。因为随着你的成长、学习和经历的积累，自身的视角和自我认知也在不断发展。同时，市场风向和平台的要求也在一直变化。所以产品也是不断迭代的结果，而不是一成不变的。

从英语助教、课程销售、千人团团长再到个人品牌文案教练，我自己在从事副业的路上，也经历了不断试错和迭代的过程，才兜兜转转拥有了属于自己的文案营销课程体系，同时找到了想要奋斗终生的事业方向。

想都是问题，做才有答案。之所以推荐新手直接从对标型 IP 开始，因为这是普通人最容易上手的选择，你只需要找到自己在未来一段时间内想实现的目标，直接像素级拆解和模仿即可。

成功的捷径并不是低头赶路，复制别人的经验才是推动成功进程的加速器。所以这个阶段，千万不要过度准备，不能一直停留在想的阶段，而是要一边拆解一边模仿，同时行动起来，只有这样，未来的方向才会渐渐清晰。

设计产品，不仅仅是为了盈利，更是一种反向倒逼自己成长的好方式，借助产品会推动我们往前走。在我看来，好产品要包含以下三大黄金要素。

要素一，好名字，为产品赋予活力。

名字直接决定了用户会不会感兴趣。当你的产品展示在朋友圈、各种公域平台时，客户刷到后会不会动心，会不会停下来仔细观看，直接决定了你的成交率。

比如，我的两个月私教服务，名字叫："钞"级文案财富倍增私教班，我直接把好处体现在名字里，让用户感觉更有价值。

要素二，好卖点，为产品赋予灵魂。

卖点就是给消费者一个购买的理由。而一个好的独家卖点，就是摆脱产品同质化最好的武器。例如同是牙膏，可消费者记住了：黑人牙膏，主打亮白；佳洁士，防蛀没有蛀牙；冷酸灵，想吃就吃，抗敏感；高露洁，修护牙釉质……

就像我的文案私教课，强调一对一辅导和修改文案，真正手把手带学员产出结果。毕竟未来会有越来越多的超级个体涌现，竞争也会越来越激烈，所以你一定要体现出自己的独特性。

要素三，明确交付权益，为产品赋予生命。

在设计产品海报的时候，要明确梳理产品的交付权益。其中包括交付时长、交付方式等，并且都需要逐条列出相关内容。

通常重要的权益不要超过五条，其余的可以赠送给客户，否则权益太多，如果忘记交付反而影响自己的口碑。

还是以我的私教班举例，共有五大核心权益：

权益一，一对一修改文案；

权益二，一对一梳理商业模式和产品矩阵设计；

权益三，专属天赋优势档案库；

权益四，自媒体账号搭建和内容创作辅导；

权益五，陪伴式成长，随时打通卡点。

所以，好名字、好卖点和清晰的交付权益，构成了产品的黄金三要素。接下来，我们就可以按照以下步骤，进入设计实操环节。

步骤一，找到对标的 IP，走变现的捷径。

在创业路上，做永远比说更重要，因为机会往往都是通过实战获得的。我们可以通过社群、各种自媒体平台添加一些优秀的 IP，去分析他们有哪些产品和服务，又是如何设计的。

我自己在开始做文案 IP 的时候，也付费学习了市面上大部分文案相关的课程，通过对标，我了解到知识 IP 的课程形式一般分为以下几种：线上音频课、线上训练营、陪伴社群、私教课、弟子班、线下课等。通过拆解每一种课程的价格、时长、课程内容和交付特色等，最后确定了下面三种可以对标模仿的课程类型。

第一种，短期公开课。一般为 3～7 天，免费或者收费 9.9 元。主要通过"个人故事介绍＋干货分享＋案例拆解＋用户答疑"不断与用户建立信任，最终转化成后端其他课程的用户。

第二种，文案训练营。一般时长为 7 天、14 天或 21 天，收费在千元左右。通过系统课程＋实操练习＋作业点评＋答疑的形式，帮助用户在实操中提升相关能力，以转化更高阶的私教课程。

第三种，一对一文案私教课。时长两个月、半年或者是一年时间。收费在万元以上，通过一对一深度咨询＋手把手修改文案＋陪伴赋能答疑的形式，带领用户在实践中真正拿到结果。

找到对标竞品，我们就能对课程设计的基本框架了然于心。对标学习这个方法，其实我们小时候就开始在用了，如临摹字帖、学习借鉴优秀的范文等。而当我们将此法用在开启副业上，就可以用前人的经验缩短自己摸索的时间，大大降低踩坑的概率，加快变现步伐。

在打造个人品牌上，千万不要过于自信和钻牛角尖，非要全部自己琢磨、标新立异，你很有可能会因此浪费大量时间和精力。我建议先模仿，再超越。借鉴他人的框架和思路，再结合个人特色。在早期，抬头看路，远比低头做事更重要。

步骤二，打造出口碑爆品，引发源源不断的转介绍。

好产品不仅能给 IP 本人赋能，还能带来口碑传播，同时提升 IP 的个人影响力，带动产品不销而销。

在做副业的路上，很多人都有这样的误区，希望刚上手就搭建出一整套产品体系以满足不同用户的需求。这样的做法只会让你精力分散，越做越疲惫。

我自己在刚开始做文案 IP 的前六个月里，都只运营一款产品，那就是两个月时长的文案一对一私教班。我把所有的时间都用在收集用户的反馈上，期望将这款产品打磨迭代得更好。从原来的社群文字分享到视频直播互动；从以答疑为主到"系统性课程交付＋每周固定专场答疑＋一对一辅导＋手把手修改文案"；从只教文案到打造定位、成交、裂变、自媒体引流等一整套的变现闭环，我真正将这款私教课程做成了王牌产品，即使一直在涨价，课程销量都能保持增长，还经常有学员为我转介绍。

我把手把手带学员拿结果的整个过程，以及中途会遇到的难点问题写成了一本教材，方便私教学员们可以直接拿来讲课和实践。此外，课程海报和大纲，我也提供了模板，方便他们直接套用。

我一直相信能落地的教学内容，才真正适合更多的人，也能让学员快速拿到结果。所以在设计课程的时候，我始终把"**可复制、可模仿、可操作性**"放在第一位。在我的带教下，不到一周时间，私教学员就能搭建出属于自己的私教课程，其中有很大一部分学员还直接招收到了付费学员，真正快人一步开启变现之路。

另外，在成为文案 IP 的道路上，掌握文案技能永远不是我的终点。我从未停止过学习的脚步，自学了自媒体运营、AI 创作、心理学、国学等相关知识，并且将这些知识融入文案的教学中，力求给学员带来最极致的交付，这些都给我带来了好口碑。

步骤三，将"自身成长"产品化，分享即收获。

成长，就是自身不断变得成熟稳重的过程。认知能力、处事能力、专业能力、心智水平的进步都可以称为成长。

第 4 章　成熟期，如何打造你的终身资产

而成长产品化，就是把自己在成长过程中的认知能力、处事能力、专业能力、心智历练总结提炼成一个个产品，交付给对应的用户，并能一定程度解决用户问题的过程。《纳瓦尔宝典》里提出了将自己产品化，也是同理，我们可以把"自身成长点滴过程"产品化。

不是说你一定要特别厉害，其他人才愿意靠近你，为你付费。其实一个人不断变好变强的过程，是彰显其个人魅力的时候，让用户参与你的每一次进步，他们会为你的进步和迭代而感到欣喜，他们也更容易靠近你、喜欢你、跟随你。

很多人误以为，设计课程一定要准备好一份完整和详细的课程大纲，才能向市场进行推广。其实哪怕只是一篇文章、一个短视频、一次直播、一本书等，我们都可以直接将其"产品化"。

比如，当我们读完了某本书，学完了某门课程，或者听完某场直播后，如果觉得内容有启发就可以把这些要点总结出来，做成几天的公开课，标价 9.9 元开始售卖。

我们可以根据以下五步，对自己的知识体系做整理输出：

第一步，基于你的 IP 定位，确定你的分享对象和分享目的；

第二步，回顾过去的经验以及知识积累，找出与主题相关且最有价值的内容；

第三步，采用时间顺序或者主题分类的方式，找到主线将知识串联；

第四步，增加案例、图表和数据展示，帮助用户更好地

理解；

第五步，找同类型的竞品课程做对标，不断优化内容体系。

这个过程不仅可以让你有机会赚回学费，还能在实战中收集用户对你分享的内容的正反馈，然后发到朋友圈继续造势。另外，还可以把分享稿整理出来，作为引流品链接更多的陌生用户，起到"一鱼多吃"的作用。

类似的成长型产品还可以做成年度分享的形式，我自己曾经做过9.9元的3天年度公开课，具体的分享大纲是：

（1）如何用文案思维，百倍放大个人影响力；

（2）如何利用副业时间，轻松实现年入七位数；

（3）普通人如何抢占先机，为2024年一整年布局。

这里的分享内容既包含了我对过去一年，自己如何利用下班时间深耕文案副业的总结和经验分享，又有对未来一整年的展望和布局。即使只收费9.9元，我依然精心制作了整整一百多页课件。短短一周时间，成交了三百多位付费用户，后续训练营的转化成交率，也高达35%。

所以，产品化不仅仅对别人有价值，对自我成长也是极其有利的，因为它会倒逼你学东西时，以输出为目标，而不仅仅是沉浸在"我在学"的虚假满足里。

4.2.3 三大标准，普通人迭代副业的准则

每次给学员做咨询，很多伙伴会分享自己的困惑："我没有什么特别的故事，也没有特殊的技能，还能不能做自己的个人品牌？"

其实，个人品牌不只是针对有专业身份和技能的人，不甘平庸的普通人也可以打造个人品牌。成长的路是一步步走出来的，对于没有资本和团队的新手而言，想要平衡好主副业，并且在这条路上真正拿到结果，就要在适合的领域开拓一片土壤，才能有机会让自己成为参天大树。

在我看来，普通人选择副业的标准应该是：小而美、高客单、细又专。守住这些副业准则，我们才能轻松高效开启副业。

标准一，要"小而美"的轻副业，而不是"大而全"的规模效应。

有位企业家曾经说过：今后的企业会越来越小，因小而美。对于想要平衡好主副业的我们来说，刚开始单枪匹马作战，没有团队，也没有丰富的资源，做"小而美"的事业是一种最好的选择。

曾经好多读者从我的畅销书、小红书、公众号平台上加到我的微信，都会问我同一句话："您是思林老师本人还是助理？"做副业九年，我没有请过任何助理，全部都是亲自来做交付。一方面想给信任我的人真正带来价值，因此不想假手于人；另一方面我更认可"小而美"的创业观，简单而美好。

小而美的个人 IP，关键在于简化变现路径。我们可以选择一个主要平台进行深耕，推出 1～3 款核心产品，并且持续优化内容和服务。以我个人为例，我主要通过小红书公域平台输出内容，主推文案训练营、文案私教课和亲传弟子班三款王牌产品，一个人就可以完成流量、成交和交付全流程。

追求小而美的轻资产创业，而不是着急规模化，它的意义是让人找到自己真正热爱、愿意全情投入，并且能实现个人价值的事业方向。

标准二，选择性价比更高的"高客单"，而不是薄利多销的"低客单"。

我们打造个人品牌的最终目的，是希望自己变得更贵、更有价值。也就是说，在付出同等时间和努力的情况下，能够给我们带来最高的回报。

而"高客单"意味着利润更高，你的正向反馈也就更大，持续做下去的动力就更大。同时它可以倒逼你进步更快，从而吸引到高段位的客户，你的势能也会变得更高。

记得刚开始做个人品牌时，我的课程单价是599元/2个月，3年后我的弟子班费用涨到了45000元，而且学员都是主动为我付费，还要经过层层筛选。我的单位时间越来越贵，能力越来越强，也意味着我可以集中精力，聚焦服务更优质的学员，创造更多价值。

"高客单"也意味着只需要少量精准的流量，就能达到不错的营收，所以也是普通人做副业的首选。同时可以给我们带来获得感和成就感，哪怕半年不开张，也足够让人期待。

标准三，聚焦"细而专"细分赛道，而不是"粗而广"广撒网。

互联网的兴起，大大改变了用户的购买习惯。在过去，企业只能以广泛的需求为中心，生产"标准品"；而互联网时代，

第 4 章　成熟期，如何打造你的终身资产

为"细而专"的个性化产品提供了充分的发展基础。

这里的"细"意味着聚焦专业细分领域，做深做透成为行业的佼佼者。因为对于想做副业的我们来说，时间精力有限，如果范围很广，知识量很多，就需要很长一段时间努力学习和掌握。而细分领域更容易聚焦，不断深耕把它做透做专业，可以被客户牢牢记住，并且赢得他们的青睐。

我刚开始做个人品牌，选定的是"朋友圈文案"的细分领域，因为百字左右的朋友圈文案比较容易上手，而且我总结了几个简单的文案公式，新手三分钟就能写出一篇原创吸金文案，发出去就能圈粉无数。直到在这个定位上小有成就，才开始探索公域，在实践中不断迭代自己前进的方向。现在的我，一手带学员用朋友圈文案做好私域成交，一手用自媒体文案轻松引流精准用户，用一技之长撬动人生更多的可能。

所以，当你的定位极其清晰和细分，就能吸引真正的精准用户主动来找你。千万别想着让所有人来下单你的产品，就像比起全科医生，一般人看病时都会选择专科医生。只有精准定位客户，才有未来。

综上，"小而美、高客单、细而专"是我们做副业的首选，其实个人品牌的建设没有终点，关键在于找到真正适合自己的路，持续提供价值，不断适应市场和个人发展的需求。

牛刀小试

（1）在流量型 IP、技能型 IP 和对标型 IP 中，结合自身情况，你准备尝试哪种形式？理由是什么？

（2）根据本节内容，回答下面 3 个问题，并试着描绘出你的变现蓝图：

①你的朋友圈主要人群是哪些？

②他们急需解决的痛点问题是什么？

③你会针对这些问题，设计什么样的产品？

4.3 流量系统，被动吸引源源不断的精准流量

流量是一切生意的本质。可是，很多人都在一味地晒自己的各种数据，他们所理解的流量就是阅读量、点赞量和播放量。但是，这些确定是流量吗？

其实，刚刚说的这些指标都是泛流量，并不精准。流量的本质，应该是有血有肉的精准用户。也就是说在流量的背后，对应的其实是个人，是活生生且对我们内容有需求的人，这才是真正的流量。

市面上吸引流量的方式有四大类：一是内容创作造流量；二是社群互推换流量；三是投流或进入精准社群买流量；四是通过一场发售裂变流量。就我个人而言，内容创作吸引而来的流量，是最精准最有黏性的，因此在流量系统，我们主要讲通过优质内容来吸引源源不断的精准用户。

4.3.1 六个方法让你从小透明到群红，用私域流量快速变现

如果有哪件事今天不做，五年后会特别后悔，那么这件事一定是获取私域流量。

私域流量指的是自己拥有的、可以反复利用的流量资源，可以免费直接触达到用户。这些私域流量主要存在于微信公众号、微信群、个人微信号上。

以往在各大平台上，商家和消费者之间只能完成一次交易，交易结束后与消费者的链接也就断了。但是如今流量价格越来越贵，大家都希望能找到性价比更高的流量来源。

而私域流量的本质，其实就是"长远而忠诚的客户关系"。如果你拥有了一个庞大的私域流量池，就可以随时向他们推送有价值的内容、产品信息以及优惠活动，而无须再为高昂的广告费用而苦恼。那么对于我们来说，如何才能获取私域流量呢（图4-4）？

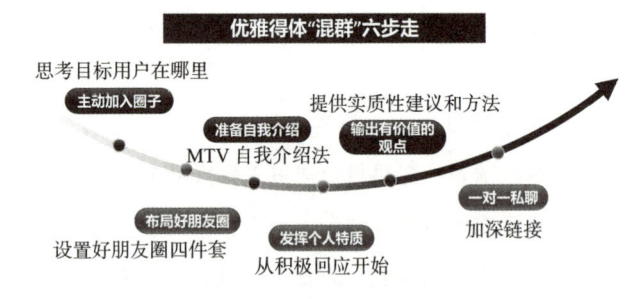

优雅得体"混群"六步走

思考目标用户在哪里
主动加入圈子
准备自我介绍
MTV自我介绍法
提供实质性建议和方法
输出有价值的观点
一对一私聊
加深链接
布局好朋友圈
设置好朋友圈四件套
发挥个人特质
从积极回应开始

图4-4　获取私域流量的方法

方法一，主动加入适合自己的圈子。

混群是需要投入大量时间的，为了节省精力，保护你的注意力，千万不要盲目混群，先花点时间找到真正适合自己的社群。这里的适合，指的是可以发挥你的特质和个人魅力，又是目标群体聚集的地方。

如果你去了一个自己都不愿意或者不敢发言的社群，怎么可能成为群红呢？更别说引流了。另外，目标用户一般都是扎堆出现的。

比如，你是做减脂产品的，那目标用户就是减脂困难、减脂反弹的这类人，接下来就要思考，这类人在哪里？

可以想一想，那些反复减脂不成功，或者一开始就希望科学减脂的人会做什么？会去什么平台呢：

（1）Keep App（购买减脂课程，去社群围观别人用了什么方法减脂）；

（2）各种知识付费圈子（如千聊、荔枝、抖音等）；

（3）线下健身房。

我们就可以选择加入这样的圈子。神奇的是在最初开启副业的时候，我发现自己大部分的文案学员，都来自同一个社群，足以说明圈子的力量。

方法二，布局好你的微信朋友圈。

混群之前，先看看你的朋友圈有没有布局好。这包括基础的朋友圈四件套，也就是微信头像、昵称、个性签名和背景墙，能不能让陌生好友刚加上你，就能知道你是谁，你是做什么的，你能为用户带来什么价值。

尤其是最近几天的朋友圈，能否让人加深对你的了解，如价值观输出、生活状态分享、专业能力展示等。如果这一步没有打造好，就会浪费从群里吸引来的流量。

方法三，准备一个特别的自我介绍。

自我介绍是第一次吸引别人加你微信的好机会。这里推荐一个经典的 MTV 公式。

M：ME——我是谁，要给谁做介绍；

T：TASK——做过什么；

V：VALUE——我能给大家提供的价值。

这里要注意的是，我们要根据不同的社群，输出不同的内容，如在读书社群，就可以分享一年阅读了多少本书，比较喜欢读哪个类型的书籍，有哪些你认为不错的阅读方法。

在跑步群，你可以分享每个月跑了多少公里，完成了多少场马拉松或者挑战多少公里，有哪些可以分享的跑步方法等。

根据这些成就，就可以总结出相应的方法，给用户一个链接你的理由，如正确不伤膝盖的运动方法、如何筛选一本有价值的书等。

方法四，发挥你的特质和个人魅力，从积极回应开始。

当你进入一个适合你的场域，会自然而然地散发魅力。以前我在社群里会显得很拘谨，经常成为一个小透明，无法做到像别人一样活跃，好不容易说两句话，结果没人回应，干脆就一直潜水。

换个角度看，如果你能在社群里及时回应其他人，一定会得到对方的感谢。因为很多人会担心自己说错话，或者觉得某方面做得不够好，如果你能在这个时候及时给予鼓励，也会让对方记住你。

所以，如果你还做不到那么活跃，就可以从回应别人开始，试着输出和表达，一步步突破自己。

方法五，输出有价值的观点。

混群不是每天泡在里面闲聊天，就会有人来主动加你。我们可以开玩笑，但是聊到某些专业话题的时候，就要有自己的观点和态度。因为持续输出有价值的内容,更容易被人看到。

当其他群友提出问题,如果你能够给予实质性的建议和解决方案,或者输出有价值的听课笔记、课程资料,也能够吸引别人,同时这也是群主最希望看到的。

除此之外,我们还可以主动帮助群主做事,如鼓励群友积极发言,主动帮群主传播、制作美图,为群友制造仪式感,提供发圈素材等。

当你越主动付出,越能得到群主和群友的认可。毕竟群主是关键人,把与他的关系经营好,对你至关重要。

方法六,一对一私聊,加深链接。

把用户加到微信,只是你们关系的开始。如果不通过一对一私聊,加深链接,这个人大概率就会成为僵尸粉,躺在你的好友列表里。

加到微信后,一方面,继续在群里输出,让那个人能持续看到你。另一方面,主动增加私聊话题。

曾经有一次一位群友加我后,说她不好意思在群里发自我介绍,我立马分享了自己的经验,然后给了她很多鼓励。她说感觉到我身上有一种治愈的感染力。所以你完全可以做那个主动的人,把你们的关系向前推进一步。

以上方法,可以贯穿混群的整个过程。事实上,当你不断出现在别人的视线里,并真诚提供价值,就一定会被人看见。

另外,持续曝光很重要,所以这里也建议大家,在一个时间段内,尽量深度混 1～2 个优质群。因为当你开始引流并且有进一步的链接,就意味着后端的交付,这些是需要花时间的。

而混群本身会占据你大量的注意力,所以前期要选好群,过程中深度参与,同时不断加深链接,尽量不要浪费好不容易引来的流量。

最后我想说的是,诚然我们混群是希望吸粉,但你的发心很重要。如果一味想着引流,太功利,别人是能够感受得到的。而你的真心付出,同样会传递给其他人。

4.3.2 三大王牌工具,打通微信生态信任社交圈

微信具有天然的社交属性。目前,在微信的整个生态圈内有视频号(认识你)、公众号(了解你)、朋友圈(靠近你)、直播间(喜欢你)、微信群(被你服务),显然已经形成了完整的商业圈。

对于想做副业的我们来说,也完全可以用好以上这些工具,依托微信的商业闭环,建立自己完整的商业体系架构,从而搭起一座与用户深度链接的桥梁。

随着微信视频号的日活用户不断被激活,并逐步年轻化,用好三大工具(图4-5)即可帮助你传播好个人品牌,实现超值变现。

工具一,视频号,让用户认识你

视频号是连接私域和公域流量的结点。张小龙曾说过,视频号不是一个单纯的短视频平台,要把它看作一个原子化的工具。作为微信生态圈里的短视频平台,运营视频号不仅仅是流量曝光的问题,更多的是曝光之后的流量承接与运营。

如今,短视频已经成为一种强有力的传播媒介,也是快速

涨粉的利器。我们可以在视频号发布多种类型的视频。

视频号
私域和公域的最佳连结点，用私域流量撬动公域流量

微信生态三大王牌工具

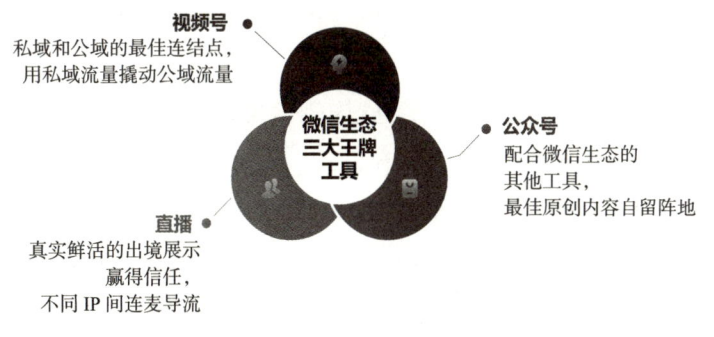

公众号
配合微信生态的其他工具，最佳原创内容自留阵地

直播
真实鲜活的出境展示赢得信任，不同 IP 间连麦导流

图4-5　微信生态三大王牌工具

（1）故事类，彰显个人魅力

通过真实的生活片段、日常工作场景展示，向受众呈现自己的亲和力和真诚度。

曾经网上有一个很火的主题——"一个普通女孩的10年"，就是把自己的个人故事以短视频的形式呈现出来。当你在故事中，加入自己的创业历程、成功经验、所经历的挑战和成就等，就能打动用户的心灵，从而增强认同感和忠诚度。

（2）行业类，展现专业能力

利用短视频分享我们对行业的洞察，展现专业能力，增强自身人设。如果你是一位数学老师，就可以把数学题的讲解过程做成短视频发布出来。文案老师也可以发布文案写作方法和干货等，让用户了解到你的专业能力。

就像很多优质的美妆账号，并没有选择直接发布硬广，而

是先分享一系列护肤技巧和方法，像如何选择适合自己的产品、如何敷面膜、如何做好日常皮肤清洁等。这样先在消费者心中展示专业能力，可为后续转化产品做好铺垫。

（3）引流类，直接留下福利钩子

也就是直接告诉用户，通过短视频里留下的联系方式，添加微信号即可领取某一份福利。记得一定要对这份福利塑造价值，让用户产生足够的好奇，引发其想要领取的欲望。如我自己曾经准备的一份福利，叫"从0～1实现百万业绩的文案变现地图"。

通过这种方式，你可以加到潜在客户的微信，这是做私域流量非常重要的一个步骤。

在视频号里，发布短视频能为我们迅速积攒人气，从而获得"好友粉丝＋朋友圈＋社群分享＋社交推荐＋官方算法推荐"等多重流量加持。因为当我们发布一条短视频，朋友点赞以后系统就会把这条短视频推荐给朋友的朋友，利用微信好友推荐算法机制，我们可以借助私域流量触达公域流量。

同时，一定要记得在简介里留下个人微信号，用户看到就会主动添加，这样又能够让公域流量直接转化到私域里来。

另外，我们还可以在视频号下方链接微信公众号，再在公众号里链接小程序或者个人微信，达到既增粉又可以直接变现的目的。

工具二，直播，让用户喜欢你

如果你没时间拍摄视频，那么可以尝试做直播。随着5G技术的发展，短视频和直播始终是未来的趋势。你甚至可以直

第4章 成熟期，如何打造你的终身资产

接拿直播的切片剪辑成视频上传到平台。

在直播间由于真人出镜，一方面可以与用户建立更深的链接，另一方面也可以直接进行转化。也就是说，当我们用短视频引来大量粉丝后，就可以借助直播达成销售。

常用的方式有两种：一种是可以让直播间的粉丝添加微信，沉淀到私域里再做成交；另一种是直接在直播间上架产品或者课程链接，让用户付费。在这个过程中，粉丝将直播界面转发到微信朋友圈和社群还能撬动私域流量。

当然直播时也要注意规则和运用技巧，掌握好直播的节奏与互动，最好事先准备好暖场欢迎话术、自我介绍话术、互动话术、引导抽福袋以及点赞评论话术，才能达到预期效果。

评判一场直播是否成功，停留人数是关键。 停留的人越多，转粉成交的机会就越多。这里推荐以下几种留人方法。

（1）引导预约下一场

我们可以事先建好下一场直播的预告信息，然后在本场直播过程中，见缝插针引导用户直接预约下一场。这种方法能给下一场直播带来不错的场观人数。

（2）发布预告法

在直播前，我们可以将预约二维码转发朋友圈、社群或者放到公众号文章的末尾，告诉粉丝自己将在什么时间进行什么主题的直播，如何进入直播间观看，通过这种方式为自己的直播间预热。

（3）场景留人法

观众进入直播间的第一印象至关重要，调性一致的直播

间、简单简约不杂乱的场景布置，是决定观感的第一要素。

我们的形象要得体、大方，语言要有亲和力和感染力，穿着要得体。除了主播外，直播间的布置也要简洁、美观，营造出舒适和温馨的氛围。

（4）福袋留人法

通过设置一个15分钟的抽奖福袋，可以有效地留住用户。我们还可以通过福袋的口令内容，形成关键词刷屏。如可以设置成回复关键词，即可参加抽奖。而关键词可以是："关注主播思林，创业路上不迷茫""停留5分钟，惊喜送不停"，等等。

（5）互动留人法

可以通过互动与观众拉近距离，提升直播间的互动指标，从而提升推送的人流。如引导用户回答一些简单的"是或否"的问题，并且让他们将答案敲在评论区，或者鼓励用户右下角点赞，直接带动系统推流。另外，还要记得积极回应用户的留言，让他们感受到自己被关注和重视。

（6）内容留人法

内容设计需要抓住粉丝关心的核心问题。表达有趣，与案例结合，真正为用户带来价值。作为知识博主，我们可以结合自己的专业知识和经验，为观众提供有价值的信息和建议。但是记得不要只讲干货，一定要结合案例和故事，毕竟我们不是在课堂上，讲得太干反而容易让观众"出戏"。

另外，了解观众的痛点和需求也是留住观众的关键。在直播过程中，要善于倾听观众的反馈和意见，及时发现他们的痛点和需求，并提供有针对性的解决方案。

比如，如果观众对产品的价格有疑虑，我们可以详细介绍产品的卖点和性价比，消除他们的顾虑。如果观众对某个知识点或技能有需求，我们可以通过专业的讲解和演示，满足他们的学习欲望。

最后，视频号直播支持主播之间相互"连麦"，这让IP之间联合增粉成为可能，双方能够在同一时间段直播，互相成为对方直播间的嘉宾，吸引双方的粉丝观看，形成粉丝群体的叠加效应。

工具三，公众号，让用户了解你

很多人说现在的公众号已经过了红利期，打开率越来越低。可是在微信生态圈中，它依然起着举足轻重的作用，配合着微信视频号、直播、微信群使用，是打造个人品牌图文内容的最佳阵地。

因为公众号一方面能帮助我们稳定粉丝群体，每一篇用心撰写的文章，都能提升个人影响力。同时还能插入微信二维码、视频号介绍和直播预告，方便我们私域引流。所以只要用心运营，你会发现公众号会帮我们筛选并留下那些真正愿意了解我们、用心阅读文字的人。

而公众号涨粉的主要原理是：为用户提供有价值的内容。我们也可以利用免费福利这一招，引导用户自行分发、宣传，不断获得新用户的关注。

举个例子，如果我们的用户群体是文案爱好者，就可以提供这样的奖励：价值四位数的一整套文案写作课程，并且将领取规则设置成：只要将此链接转发至朋友圈或者任意社群，关注公众号即可免费领取。

　　用户在获得这份课程的同时，会引导第二、第三、第四个用户获取这条活动信息，如此裂变，我们可以轻松累积用户数量。

　　另外，我们在运营公众号时，还可以通过运用以下技巧，实现涨粉引流的效果。

　　（1）设置公众号的自动回复内容

　　我们可以在自动回复里写一小段自我介绍并且附上个人微信，让新粉丝了解我们，并且直接引导添加。

　　我的自动回复内容如下：

Hi，你终于来了，我是思林 Celine

不扯大道理，只分享能让你立刻收钱的文案创业技巧

————————————————

对了，现在加微信：fuye6668888，备注"公众号"，免费领取 1 份我亲手写的电子书

《日入 74 万元，背后的秘诀都在这里》

《随心所欲收钱魔法》

《思林学员日入 10 万元的秘密》

以上电子书认真读完，比你花几千元几万元报课都有用！让你少走弯路，提前进入超车赛道！

#特别提醒#

ps：不是公众号内回复，是加好友后，备注"公众号"

pps：无须转发，好友通过后，直接免费送

ppps：每天就送 10 份，先到先得

（2）文章末尾引导点赞或分享

想要让文章被更多地传播，除了本身内容优质外，还可以在文末提醒用户点一个"在看"和"赞"。点"在看"是为了可以让更多人在微信的"看一看"栏目里看到你的文章，点"赞"是为了让系统判定喜欢你文章的受众是谁，下次就能自动推荐给相应的用户，吸引更多精准粉丝。

（3）在文章里插入视频或直播预告

如果你同时写公众号和发布短视频，一定要记得"一鱼多吃"。如同样分享干货，我们可以写一篇公众号文章，同时再把内容精简到1～3分钟的阅读量，同时把书面语改成口语化内容，然后发布一条视频号视频，将公众号和视频号两者关联起来，互相导流。也可以在准备直播的前几天，设置直播预告，从而拉动直播场观人数。

综上，我优先建议大家重视并且运营好微信生态圈，因为公众号、视频号、微信之间不仅可以互相引流，还能直接推广产品，实现流量的闭环运转。只要用心经营，这些工具都能成为副业路上的最强助推器。

4.3.3 引爆小红书，用搜索流量撬动公域平台

相对于私域流量，公域流量是指我们都能够使用的公共流量。如今日头条、小红书、抖音、快手等，他们都属于公域流量，也经常被称作平台流量。

公域可以理解为江河大海，在公域时代，大家都是在靠出船捕鱼的。要获取公域流量，一种方式是付费投流，另一种方

式是免费引流。

在众多的平台中,对于大部分做副业的伙伴,以日活量、变现价值、新手友好度而言,首选小红书平台,因为用户人群优质,并且以一二线城市的女性为主,她们是当代社会的消费主力军。平台的特点是以分享积极、美好和多元化生活方式为主,主打笔记创作模式,更适合种草文案。

想要运营好小红书,首先要了解流量从何而来,进而才能知道,撰写的每一篇小红书笔记是如何被用户浏览看到,从而产生点赞、评论、关注等行为的。

小红书常见的有三大流量入口,如表4-1所示。

表4-1 小红书常见的三大流量入口

搜索页	发现页	关注页
● 流量增长最快的板块。用户打开小红书直接进行搜索,把小红书当成搜索引擎用,这类占比非常高 ● 搜索页的流量呈现长尾效应,只要关键词配置得当,可以在非常长的周期获得最精准的搜索流量	● 流量层级测试的主阵地 ● 一篇笔记能获得多大量级的曝光,就看笔记在发现页的用户反馈测试情况	● 只要用户关注了你的笔记,就会通过这个页面直接浏览到你的笔记 ● 流量占比最低,且不影响流量层级的数据结果,所以有用但流量不大

从中我们可以发现,搜索流量一般都非常精准,而且有长尾流量;也就是说你只要占住了一个好位置,就能够源源不断

地获得正反馈，哪怕你没有每天坚持更新，平台依然会为你带来持续流量。

所以，做小红书关键词的布局，其实就是在做搜索流量的布局。现在很多用户想了解一个产品或者感兴趣的话题时，第一个想到的就是在小红书上搜索，甚至把它当作百度使用。那么应该如何提升搜索流量呢？

答案就是做好关键词布局。我们做关键词布局的目的是让用户搜索关键词时，我们的笔记能出现在前面，如果没有排名，即使我们的账号再多，笔记量再大，也拿不到搜索这块的流量。所以，如何布局关键词，霸占搜索流量的排名，非常关键。具体可以分为以下五步。

步骤一，4种方式，选择合适的关键词

目标用户的搜索行为决定了什么样的词会有热度，所以想要选择合适的关键词，首先要清楚三个问题的答案：

（1）目标人群都在搜哪些词？

（2）哪些词的流量和转化率高？

（3）能匹配用户的需求和痛点吗？

我们可以去小红书上搜索一下，看看同类笔记中哪类词的流量较高，点赞评论较多，转化率较高。具体操作如下。

（1）搜索栏下拉框

在小红书搜索页，直接输入你要搜索的关键词，如"朋友圈文案"，下方会出现一长串的关键词（图4-6是写稿时出现的关键词界面）。

"朋友圈文案排版、朋友圈文案热爱生活、朋友圈文案正能量"等，这些都是系统根据近期搜索频率总结出来的关联关键词。一般来说，越靠前的词，热度越高。

图4-6 带"朋友圈文案"的关键词段

（2）搜索结果页面

输入关键词后，点击进入搜索页面，你会看到很多关联性的关键词。

第 4 章 成熟期，如何打造你的终身资产

顶部的标签栏，会显示一行与搜索词相关的词，左滑还可以看到更多，可以选几个和你的搜索词组合使用。浏览页面往下拉，页面会出现一栏"大家都在搜"，这些不仅可以作为关键词使用，还可以作为笔记选题来做。

还是以朋友圈文案为例，会出现"高级感、治愈系"等关键词，这些内容也都出过很多爆款作品（图 4-7）。

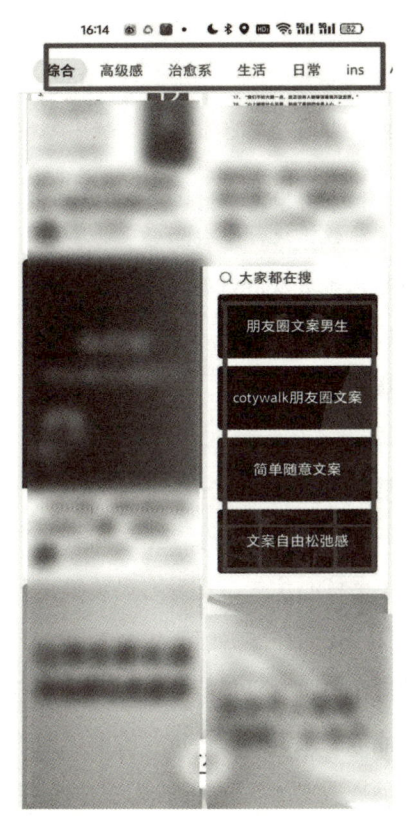

图4-7 某段时间输入"朋友圈文案"出现的关联性关键词页面

161

（3）标签浏览量

一般笔记正文中，都会加话题标签，以"#"开头，只要点击进入话题，可以查看该话题的浏览量和相关笔记，如"朋友圈文案"（图4-8），我们可以去同行的笔记页面进行统计收集。

图4-8 某段时间"朋友圈文案"标签的浏览量

（4）借助专业数据统计平台

很多专业平台（如灰豚数据）有热词搜索，可以找到近7天、30天热搜词以及热度值，同时用关联笔记互动量除以关联笔记数，大概计算一个比例，在这里能找到一些热度高但是竞争小的热搜词。

以上就是常用的几种挖词方式，通过这些方式找出来的词，都比较客观，而且是经过验证的，避免了自己臆想造词的情况。

步骤二，4个核心位置，正确布局关键词

找到了关键词，接下来就到了关键步骤：正确布局关键词。有几个关键位置，分别是标题、首尾端，还有中间的内容部分。要尽可能地把关键词放在这些位置，自然地植入在一篇笔记中，不要反复多次出现同样的词。因为反复出现会降低用户阅读体验，还可能因为违规而影响权重。

第 4 章 成熟期，如何打造你的终身资产

一般在正文中布局三个核心关键词即可，围绕三个关键词遣词造句。以图4-9中的"朋友圈"关键词为例，关键词要出现在段落前半部分，这是由人们的阅读习惯决定的，我们在阅读一段文字时，注意力会更集中在前半部分，而后半部分往往会快速滑过。

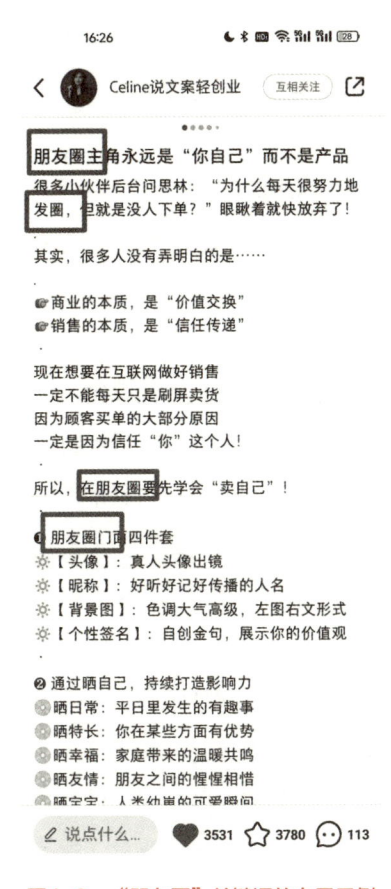

图4-9 "朋友圈"关键词的布局示例

另外，评论区也是可以增加关键词密度的地方，很多博主会忽略这块区域。其实，在回复别人的评论内容时，加上关键词也会提升我们笔记的关键词密度，从而提升整体的关键词排名。如我们在评论区可以写下："如果你有任何朋友圈打造的问题，或者文案写作相关的问题，欢迎告诉我，不限行业！"

步骤三，视觉优化，让笔记极具冲击力

在今天这个看重页面颜值的时代，小红书双信息流的展现方式就需要我们加强笔记的视觉优化，让用户看了就忍不住想要点击进入。

比如，**封面吸引人注意力，让用户停留；标题埋下悬念，引起好奇；内容信息量大，足够实用，让用户想要收藏；图片高级独特等**。这些都可以让笔记冲击力倍增，从而提升阅读和转化数据。

分享一些我曾经写过的爆款笔记标题：

（1）不写"卖点"，多写"买点"（标题吸睛）；

（2）你越不专业，成交就越快（反常识）；

（3）重新激活朋友圈，仅需这三步（干货足够）；

（4）36岁再出发，人生下半场还有另一种活法（立人设）；

（5）深耕自己，才能最快地破圈（强共鸣）。

步骤四，精细运营，检查收录情况

新发布的笔记经审核后，就可以在已收录的某些关键词笔记中被找到。如果笔记没有被平台收录，就意味着与关键词不相关，更别谈被用户搜索到了，那么如何检验是否被收录呢？

我们可以直接在小红书上搜完整的笔记标题，如果能够找到笔记，就说明已经被收录了。

步骤五，7种方式，实现私域引流的终极目标

我们做流量的目的，其实不是为了涨粉，这些数字本身没有意义。而是要将这些流量引到私域，然后通过经营好私域生态圈，持续与客户建立链接，从而转化为私域中稳定且高价值的用户资产。推荐以下几种私域引流的方式。

（1）用好小红书群聊功能

小红书站内可以创建粉丝群，并且在首页可以悬挂粉丝群，如果用户对你感兴趣，就会加入粉丝群里。

我们可以直接关联笔记，或者把群链接发在评论区，引导用户直接进群。当粉丝进群后，在粉丝群的名称、公告和内容区域，都可以留下你的联系方式，直接开启引流之路。

（2）小红书小号引流

为降低大号被封的风险，我们可以创建一个小号作辅助，也叫助理号。在大号发布的笔记中通过评论、私信等方式引导粉丝关注小号，然后用小号发布含有联系方式的笔记，从而实现引流。这样可以在保护大号的同时，利用小号进行更自由的互动。

（3）私信引流

我们还可以尝试私信引流的方式，但是建议使用小号来分散风险，同时回复微信号的时候可以回复不同的微信ID，以免被平台检测。

私信方式可以是二维码，也可以是添加了微信名字的图片，还可以是AI生成的艺术二维码，建议一天私信数量不超

165

过十个。

（4）置顶笔记引流

将一篇想要引流的笔记置顶，笔记里放引流钩子，如带有联系方式水印的图片、进群领取福利提醒、突出自我价值点的内容等，吸引用户主动找你（图4-10）。

图4-10　置顶笔记引流

（5）利用简介或者小红书账号引导

我们还可以在账号的基础设置里放钩子，如在简介的描述中，可以@小号引导，或者将小红书账号直接改成微信号等。

（6）瞬间打卡

在瞬间打卡上留下联系方式也是一个不错的选择，既明显又隐晦。也可以用 3～4 个瞬间合成一个微信号的形式，不容易被系统检测到。

（7）开店铺引流

这是最安全的一种引流方式，也就是通过开店铺，直接上架一个 0.1 元的链接，设置无物流发货，发货内容就是你的微信号联系方式。

综上，小红书的平台规则一直在调整和变化中，所以永远没有 100% 绝对安全的引流方式，只有不断测试优化，我们才能实现目标。

对于引流来的用户，通过持续打造好朋友圈、一对一私聊和邀请进微信社群的多重方式，不断提升与用户的黏性和信任度，真正把"流量"变成"留量"。这些内容在后续的章节里会展开详述。

最后我想说的是，自媒体的成功绝非一蹴而就，我自己在小红书运营上，不断试错，曾经经历过"三战三败"，反复失败以后又重新起号，最终三个月涨粉 1.6 万。

所以，如同栽种一棵树，自媒体创作也需要长时间的悉心照料与耐心等待。要想获取稳定的流量，必须经历一段漫长且充满挑战的积累期，其间流量的起伏和波动都是常态。我们需要有足够的耐心和毅力，去应对流量惨淡的日子。这些日子虽然难熬，但它们是自媒体成长的必经之路。也正是这些日子的磨砺，让我们更加明白如何优化内容、提升品质，从而吸引更多粉丝的关注。

牛刀小试

（1）前文提到的目前最适合普通人做账号的几个平台，视频号、公众号、小红书，你准备在哪个平台输出内容？结合你自己的产品和所服务的人群在平台产出内容。

（2）根据本节内容，你准备在笔记中的哪些位置，植入哪些关键词？请尝试写一篇笔记。

4.4 成交系统：高转化高复购的生意这么做

现在我们去门店购物，导购会拉你进群；去商场闲逛，会有各种"线上福利"群……所以在生活中，这种引入私域做转化的做法随处可见。私域常见的转化方式有：朋友圈自动成交、一对一私聊成交、社群批量成交等。

凯文·凯利说过："一个人，只要拥有1000个铁杆粉丝，这辈子几乎可以衣食无忧。"私域资产是我们直接可以触达的真实流量，是我们终生的财富。因为所有依托于平台的生意，最后都有周期性，而真正能穿越周期的，一定是私域。

4.4.1 深耕细作，六步搭建价值连城的私域资产

成交不是一个动作，而是一整套流程。其中的销售流程是营销中最关键的一个部分。在这个流程中，一切营销的目的都是让客户按照我们的指令采取行动。

那么，应该怎样去设计我们的私域变现流程呢？见图4-11。

第一步，选择鱼塘

如果想完成高效的客户互动（包括发送消息、进行客户关系维护等），就必须拥有准确的客户数据库，也就是我们所说的"鱼塘"（客户名单）。

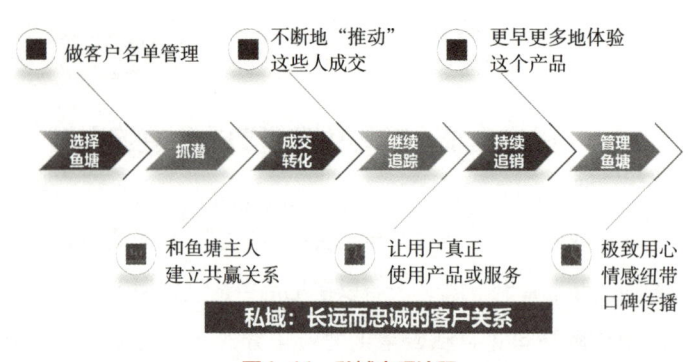

图4-11 私域变现流程

选择鱼塘 → 抓潜 → 成交转化 → 继续追踪 → 持续追销 → 管理鱼塘

- 做客户名单管理
- 不断地"推动"这些人成交
- 更早更多地体验这个产品
- 和鱼塘主人建立共赢关系
- 让用户真正使用产品或服务
- 极致用心 情感纽带 口碑传播

私域：长远而忠诚的客户关系

如果你现在还没有，要有意识地开始建设自己的鱼塘；如果已经在做了，就要不断积累、巩固这个鱼塘；如果你有了鱼塘但转化效果不好，就需要进行细分和整理，不断优化你的客户名单。

如果你已经拥有了一种成交方式，也可以先在原来的基础上做优化。如果目前还没有，就要先列出所有可供选择的"准鱼塘"，选出最有利的，然后进行测试。如何找到"准鱼塘"，你只需要思考以下四个问题：

（1）客户跟你买之前，会跟谁买？

（2）客户跟你买的同时，会跟谁买？

（3）客户跟你买之后，会跟谁买？

（4）客户不用你的产品，还会用谁的产品？

我们做知识 IP 的，就可以去询问自己的学员，之前报过什么课？加入过什么社群？然后挑选合适的社群加入。

第二步，放下鱼钩抓潜

找到了鱼塘，紧接着就要进行第二步——抓潜。那么怎样进行抓潜呢？很多人满世界地去寻找鱼塘。其实，与其费尽心思去挖掘，不如先从别人的鱼塘开始，再逐渐积累自己的力量。

因为你想要的每一个潜在客户，都是别人鱼塘里的鱼，这就是著名的"鱼塘理论"。最可行的办法就是和鱼塘的主人建立一种共赢模式，就像刚才提到的做知识付费的例子，让他为你和潜在客户之间搭起一座桥梁。

你可以告诉塘主，如果能因为对方的推荐得到收益，那么他就能得到相应的回报。只有这样，对方才会心甘情愿推荐给你，你的成交率才会大幅度提高。

第三步，成交转化

抓潜的目的，绝对不是展示你的"钓鱼能力"，也不是为了把你的产品宣传出去，事实上，你所做的一切都是为了两个字：成交。

但是你必须知道，可能 90% 以上的潜在客户，都不会第一次就直接成交。所以你需要不断地"推动"这些人，不断地为他们创造价值，这样才更容易接近"成交"的时机！

我们加到微信上并且留存在私域的客户，都需要进行精细化的运营管理，这就需要通过打标签把客户的画像描绘出来。如客户来自哪个渠道、意向如何、是否有付费意识等，通过打标签一目了然，也方便后续对客户进行个性化的跟进。然后通过私聊、群聊、朋友圈等多个触点，不断输出内容，让客户对

171

你有进一步的了解和深入交流的机会。

而客户也可以通过私聊、群聊等方式向你表达自己的喜恶，以及想了解的内容。当然，在这个过程中，也会有一些客户因为"不感冒"而选择离开，这也是一个双向选择的过程。

第四步，继续追踪

对于已经成交的客户，千万不能置之不理，你需要继续追踪，并且教会他怎样使用你的产品。可以想象一下，我们自己手里曾经买了多少产品，却束之高阁，从没用过。

只有客户真正使用了我们的产品或者服务，才能拿到结果。所以，在这个过程中，我们要不断地为他提供价值，巩固与客户之间的关系。

而对于那些没有成交的客户，我们是不是只能眼睁睁地看着他游出你的鱼塘呢？当然也不是，虽然这一次没有成交，我们依然可以再次提供价值，建立更深的信任。

第五步，持续追销

客户第一次成交后，就要时刻准备着跟进——追销。也就是让客户继续体验你的下一个产品和服务。告诉他这些新产品和服务能够为他提供更多的价值。

你可能会发现，很多人在决定购买之前，选择的过程是很"漫长"的，然而当第一次购买后，他就会反复下单，而且大有不可遏制之势。所以，一定要不失时机地做追销。

总而言之，"追销"和"成交"一样，如果你能让他更早、更多地体验到这个产品的价值，那么他购买的可能性就会加大。

第六步，管理鱼塘

我们在任何鱼塘引流的目的，不仅仅是做成交，而是逐步建立自己的鱼塘。因为一旦拥有了自己固定的鱼塘，你的销售会变得更加简单而轻松。

当然，有了鱼塘之后，问题也随之而来了，那就是如何管理你的鱼塘？这是私域变现流程的最后一步，也是至关重要的一步。

对鱼塘的管理可以分为三重境界。

境界一，极致用心，让用户满意。

怎样才能让用户满意？理论好像大家都知道，然而实践起来效果却大有不同。其实，真正让用户满意是一个系统工程，每个环节都要面面俱到。

前提就是你要及时兑现自己的承诺，做好交付。 因为很多销售对自己承诺过的东西，记录比较随意，这就造成承诺的延期兑现或者没有兑现的现象。

如果能够认真对待用户的抱怨，定期收集他们的意见，发现他们关心的问题，并针对这些问题不断改进自己的服务。就可以通过用户满意度调查表，发现和找到自己的"盲区"。

记得我在做"10天线上副业赚钱实操营"的时候，第一个动作就是给用户设计了一个调查问卷，详细了解他们参加课程想要解决的问题，并且在课程交付中尽全力关注这些问题，最终赢得了很好的口碑。

提升用户满意度并非一蹴而就的过程，而是需要深入了解他们的需求、注重设计细节、提供优质服务支持并保持持续改进与创新的精神。只有这样，才能真正给他们带来美好的体验。

境界二，情感纽带，让用户忠诚。

让用户忠诚，也就是面对同类竞争产品，用户更愿意持续复购你的产品。那么怎样才能做到呢？

首先，要向用户提供好的产品与服务。如果他们觉得物超所值，自然就会快速建立信任，产生重复购买的想法。其次，要经常关怀用户，与用户建立情感纽带。

以母婴公司为例，当宝宝三个月的时候，如果能短信提醒下爸爸妈妈注意，要从之前所喝的一代奶粉改成二代奶粉，他们肯定会觉得很温馨，重复购买的可能性就非常大。

境界三，口碑传播，扩大影响力。

如果用户愿意把他购买你产品或服务的经历告诉其他人，并且一传十、十传百，这种力量将是巨大的。无数的事实证明，口口相传的口碑效应，是最有效且最廉价的广告形式。

特别是在当下消费者生活节奏快，缺乏足够的时间来研究、对比各类产品和服务的时候，亲朋好友或者其他人的消费体验，对于他们的购买决策起着至关重要的作用。

就像我曾经遇到很多学员，无条件地为我推荐朋友过来付费学习，这让我觉得特别感动，同时也倒逼我做出更优质的课程内容。所以，一定要管理好你的用户群体，为他们做好超预期的交付，这样不仅能为你带来源源不断的财富，还能不断扩

第4章 成熟期，如何打造你的终身资产

大你的影响力。

总之，我认为私域应该是长远而忠诚的客户关系。所以任何把私域当作是：一次成交的流量，都不是对私域流量的正确理解。

而这个关系的建立，就好比两个人从相识到结婚，是需要一个过程的。

认识阶段：通过送福利、设置引流品等方式，和用户交个朋友；

深入交往阶段：通过私聊、群聊、朋友圈多点触达，最终实现转化的目的。

每个微信的背后都是一个活生生的人，切记不要经常性地做群发动作，不要把这个动作变成打扰用户的行为。真诚利他才是成交的金钥匙。

4.4.2 用心经营，三步实现朋友圈自动成交

做副业九年，我从未骚扰过任何一个客户，全部都是他们看了我的文案后，主动找上我，想要深度学习。朋友圈是我成交的主战场，让整个营销过程变得简单高效，并且完全不用寻求用户下单，因此赚钱这件事也变得更有尊严（图4–12）。

那么为什么同样是发圈，很多人一天写上几十条，依然成交寥寥？关于发圈，以下几个坑你千万要避免。

（1）没有生活的一面，朋友圈全是产品介绍

换位思考，这样的朋友圈就像一个没有灵魂的卖货机器。

175

不但无法引起好友注意，而且还让人感到反感，同时会触发降权机制，导致朋友圈直接被折叠。

（2）情绪负面，没有价值

你有没有这样的微信好友，他们经常吐槽和抱怨生活和工作中的各种不公。这样的朋友圈，只会吸引到同样负面的人。

（3）没有思想，全是转发

有一种朋友圈，里面全是转发各种文章链接，让人觉得朋友圈只是一个转发的机器而已。其实当你加上个人的读后感，才会让人觉得你是认真看完才分享的。

（4）过度炫富，缺乏真诚

很多微商的做法是过度炫富，不是晒豪车就是晒豪宅。诚然，私域的核心目的是转化，但为了提升信任要避免人设的过度包装。过度炫耀，让人感觉过于浮夸也没有真实感。

那我们该如何写出高赞互动强的文案，加强我们和用户之间的链接呢？

朋友圈被动成交

01 **从用户视角出发**
避免自嗨、创造对话感、融入场景感

02 **用好痛点击穿心智**
痛点不是状态，是一连串的麻烦，用一个万能公式，写出痛点文案

03 **常行利他之举**
为他人提供价值，化身小太阳，真实不做作

图4-12 朋友圈自动成交三步法

第一步，从用户视角出发，让用户对你死心塌地

很多人卖护肤品，都会特别热衷于写具体成分，用上一堆专业术语。其实用户看了一点都不以为然，你只需要这么写："用了产品之后，肌肤光滑得就像剥了壳的鸡蛋。"这样一来，是不是更能打动读者？

所以，**文案要写读者感兴趣的，而不是你自己感兴趣的。**也就是说，你想写什么不重要，用户想要什么才重要，这就是用户思维。

（1）避免自嗨，一切以用户为出发点

你要明确你的用户是谁，他们的年龄、职业、兴趣爱好又是什么。而且还要想清楚，他们在什么场景下读你的文章，是在地铁上，还是午休时间，又或者是下班后。因为不同的人，不同的阅读场景，需要的代入感是不一样的。

可是，很多人写文案时，会习惯性从自我视角出发，也就是容易"自嗨"。如宣传文案课程，往往会写成："我的朋友圈文案课有很多干货，推荐你来学习"，但是用户看完以后却不"感冒"，我曾经写过一篇文案，内容如下：

如果你做知识付费也有一段时间了，但是一直卖不上高价，就只能收几百元钱，每个月连自己都养不活……

甚至后面，到底该怎么做，也一脸茫然！

你需要做的就是，找有结果的老师，手把手地教你……只有这样，你才能快速走出现在的困境，赚到你想要赚的钱！

我们要将自己切换成用户视角，描述对方的痛点，运用通俗易懂的文字表达出来，上面这篇文案直接帮我成交了一位万元学费的学员。

（2）创造对话感，提升互动性

好的文案，要让读者感受到，你在面对面和他交流。也就是说在写文案的时候，要把自己想象成正在和用户面对面唠嗑，让文案充满互动性和人情味。最好的方法就是多用你、我、我们这类词。我们可以对比以下句子：

①如何快速卖货？

②一个让你自动收钱的卖货方法。

③如何才能提升孩子的学习成绩？

④你家孩子学习成绩不好，该怎么办？

你发现了吗，"你"这类词就可以给用户一种对话的感觉，这是一种拉近彼此距离的方式。所以，我们在平时写邮件、写主持稿、写文章、运营社群的时候，也不要干巴巴地写文字，可以多创造一些"对话感"，这会给用户带来很好的阅读体验感。

（3）场景融入，营造熟悉感

很多文案在开头的时候会用一些小技巧，把读者拉入日常的使用场景。通过打造真实、有品质的生活化场景，来塑造自身价值，让读者身临其境。

比如，当我们要卖一款面膜的时候，可以对比以下两种写法：

①面膜提取深海鱼蛋白，保湿补水效果更好。

②面膜提取深海鱼蛋白，保湿补水效果更好。头天晚上用完，第二天早上皮肤还嫩噗噗的。

你看，上面第二种写法是不是融入了场景的描述？用户读完以后，就能把自己代入进去，更加直观地感受到产品的好处，仿佛自己亲身体验了一般。

除此以外，我们还可以通过在朋友圈分享和朋友一起旅行、拍照，或者是在咖啡厅读一本书等生活化场景，来提升和用户之间的信任感。

《奇葩说》的幕后功臣牟頔曾经说过："内容的本质是情感的共鸣和情绪的共振。"所以，我们在动笔之前，就要先思考你的文案能为用户提供什么价值，然后将以上技巧融入其中。因为唯有尊重用户，才能吸引用户。唯有吸引用户，才能创造价值！

第二步，用好痛点击穿心智，一秒抓心的文案策略

很多人在写文案的时候，都会遇到这样的情况，自己辛辛苦苦，花了很久写出来的内容，用户看过后却记不住？

答案很简单，因为没有击中他的痛点。所以，文案里要写痛点。因为痛点背后是需求，有需求才会有购买的欲望。而我们写文案的目的，就是激发用户想要改变的欲望，从而让他产生购买行动。

那么，具体应该怎么描述痛点呢？

（1）痛点不是状态，而是结果

我们拿减肥举例子，如果你现在的体重和标准体重相差10公斤，因为这10公斤的落差让你买不到适合自己的衣服，也不敢出门见朋友。于是，你尝试了很多方式，如艾灸、跑步、健身、节食等，但是都没有瘦下来。所以，减肥这件事让你感到沮丧，产生了负面的情绪，让你很痛苦。

其实，用户的痛点不是减掉多少公斤体重，而是减下体重后的那个理想状态。有人减肥，是为了赢得尊重，有人是为了追求异性，有人是为了升职加薪……只有当这种状态，影响到用户的生活了，这才是真正的痛点。

又如，很多人跟着我学习文案，其实学文案本身并不是痛点，因为不懂文案，所以不能提升产品销量，无法为自己带来更高的收入，让家人过上更好的生活，这才是痛点。

例如：

学了文案以后，和老公的关系越来越好了……

前几天，看到学员（一位全职宝妈）在群里说……自从学了文案，了解营销背后的套路，天天各种方式夸老公，结果就是……夫妻关系越来越好

其实，每次看到这样的反馈，我都特别开心……

因为赚钱本身不是目的，让你和家人的生活过得更幸福才是终极目的！

这条文案通过描述学员跟着我学习文案以后，带来"夫妻关系越来越好，生活更幸福"的结果，而不只停留在赚钱这个状态，更能打动用户的心。

（2）痛点不只是一个点，而是一整串的麻烦

痛点不只是一个点，背后是一连串的麻烦，所以，我们要找到高效、有竞争力的解决方案去解决这一连串的麻烦，才能赢得用户的选择。

比如，用户想买一款祛斑产品，表面她说是为了变美，让

皮肤更好。但其实背后深层次的原因，是她担心丈夫把她当作黄脸婆，会遭老公嫌弃，进而影响家庭关系，影响到人生幸福……只有挖掘到用户深层次的痛点，才能真正解决问题。

（3）一个万能公式，写出痛点文案的精髓

所谓痛点，本质上其实是恐惧。恐惧是人类情绪中最有能量的一种，它可以驱使我们采取行动，做出改变。文案中重现痛苦场景，会让用户想到自己曾经痛苦的感觉，于是赶紧想办法改变。

所以，推荐一个公式：痛苦场景＋解决方案，因为它正好契合了用户的这个心理。

比如，王老吉的广告语："怕上火，喝王老吉"，就是用了这个公式。在吃火锅的时候，会觉得辣得全身酸爽，但第二天上火就有点恼火了，来瓶王老吉，就给了大家一种心理安慰，火锅吃得更加心安理得。

又如，在推广我的文案私教课时，我写过这样的文案："当你在实战中遇到任何问题，我都会随时为你解答。在你抓耳挠腮，不知无从下笔，为销量感到忧心的时候，我会为你手把手修改每条文案，一个字一个字死抠细节，为的就是带你修炼下笔成金的本领。"

痛点是产品和客户之间的桥梁。只要你找到了你的产品跟客户之间的联系，戳中客户的痛点，就能写出直击客户内心深处的好文案。

第三步，常行利他之举，高级的成交源自利他

很多做副业的人发朋友圈都有这样一个误区：疯狂刷链接

打广告，操作方式十分简单粗暴，觉得自己发得多了，就一定会有出单的机会。殊不知这只会影响用户的体验感，轻者可能被屏蔽，重者直接被拉黑。

换位思考来看，如果我们看到某位朋友的发圈内容，真的有种好朋友之间的交流与亲切感，并且全篇没有硬广，只有真诚分享，会不会更讨喜，也自然更愿意接近对方呢？

（1）牢记利他思维，为他人提供价值

我们可以在朋友圈分享自己的一切，但如果想要更出彩，那就不能只盯着自己，也要看看用户，想想别人喜欢看什么，才更有价值。当从以自我为中心变成利他思维，最后就变成：我发什么文案，才对别人真正有用？

比如，一些专业人士，喜欢在朋友圈分享自己专业领域的知识，其实最好不要直接发一些晦涩难懂的文字。我们可以尝试思考，如何描述这个知识，才能让别人快速理解，这也是一种利他思维。

例如：

为什么你要学文案写作？

央视主持人朱广权，曾经说过……它可以让你在看到落日余晖时，脑海中浮现的是"落霞与孤鹜齐飞，秋水共长天一色"。

而不是"哇，夕阳真好看……"

在看到漫天飞舞的雪花时，能够脱口而出"忽如一夜春风来，千树万树梨花开"……

而不只是惊呼"哎哟，雪真大，被惊呆"。

所以，言谈不凡的人，一出口就是锦绣山河！

我的这篇文案没有从专业知识的角度赘述文案的重要性，而是反其道而行之，通过引用知名人士的原话做对比，从侧面展现出文案写作的魅力。

（2）化身小太阳，传播正能量

你是不是会看到有些朋友发圈的时候，不是暴躁骂人，就是吐槽抱怨？我之前有个同学就是如此，总爱发圈吐槽她的另一半。换个角度想，这样的内容，请问你会爱看吗？大家都愿意靠近正能量的人。

例如：

只要上路，就有惊喜！

如果你现在想做一件事，立刻、马上、现在就开始，千万别拖！

一辈子那么长，我们有的是时间来纠正，而且……

只要你开始，就会有收获！

听从内心的召唤，勇于迈出第一步，人生的风景就永远是新奇美妙的！

我经常会在朋友圈发布一些正能量文案，总有小伙伴告诉我，每天都会来我的朋友圈逛逛，因为看完以后瞬间感觉能量满满。

（3）传递温度，真实不做作

除了以上两点外，朋友圈文案最好不要太端着，否则很容易给人产生距离感，平易近人的风格会令人更舒适。

真实轻松是与他人产生共鸣的最好利器，好的朋友圈文案就像拉家常一样，让人感觉亲切。

这里推荐一个三分钟文案速成法，方便新人直接上手套用，一共分为以下五步。

第一步，"写下来"比"一直想"更重要。

拿到任何一个素材，不要一直想，自己到底写一个什么主题？这样你就永远开始不了，不管三七二十一，先写下来再说，再去修改。

因为你能写一个字，就能写一句话；能写一句话，也就离一条文案不远了。

第二步，要"画面感"不要"干巴巴"。

检查一下你第一步写出来的文字，是干巴巴的流水账，还是有画面感的。什么是画面感呢？就是交代时间、地点、人物、事件。

举个例子：今天早上闹钟一响，我赶紧掀开被子，立马从床上爬了起来。匆忙喝了一碗桌上妈妈准备的粥，吃了一个鸡蛋，就去上班了。在路上还遇到了我的同事小李……

这段描述是不是在你眼前展示了一幅生动的画面？那么，到底怎么描绘出这种画面感？答案很简单，多用动词，如响、爬、掀开、喝、吃、走等。

第三步，写明产品和客户之间的联系。

做销售的时候，我们经常会沉浸在自己的视野里，一直吹捧自己的产品有多好。可是客户会觉得，这和我有什么关系呢？

只有找到你的产品跟用户之间的那个桥梁，戳中他们的痛点，才能真正打动用户。如可以对比同样是写水果的三条文案：

第一条，我们的苹果又大又甜。

第二条，我们的苹果又大又甜，富含丰富的维C。

第三条，我们的苹果又大又甜，甜过初恋。而且富含丰富的维C，吃了不仅促进肠道蠕动，而且抗氧化，可以缓解衰老。

第三条文案，由于抓住了用户的痛点，自然能带来更好的销售结果。

第四步，加上画龙点睛的结尾。

一篇文案一定要有头有尾，好的结尾能起到画龙点睛的作用。我一般会用金句结尾，好结尾是文案的灵魂。

第五步，要有一个勾魂的标题。

好的标题，能让你的文案增加50%的点击率。怎么判断标题的好呢？有以下三个标准。

（1）能不能触动你自己；

（2）和看的人有没有关系；

（3）能不能引起用户的好奇。

以上，就是文案写作极简五步法。按照这个步骤，我们可以马上写出吸金文案：

例一：

【超级文案IP弟子班】第7个名额没有了！（标题）

她今年快40岁了，职场压力越来越大，自己的竞争优势却每况愈下……（痛点）

所以，她早早开始规划，一定要在离开公司之后……学习一项技能，让自己可以过上自由宽裕的生活。（解决痛点的方案）

这不，马上抢了一个名额！

所以，真正知道自己要什么的人，机会来了，就会牢牢抓住！（行动理由）

例二：

湿气排不出，睡再久也不够！（标题）

你是不是平时没怎么熬夜，睡得也不少，但就是老觉得犯困，坐在椅子上就打瞌睡……（痛点）

其实，睡不够、老犯困的原因，就是体内的湿气排不出来，睡再久也不够，××牌祛湿茶，内含薏仁和溪黄等数十种中药材，可以有效改善因身上湿气过重引起的各种身体不适……（解决痛点的方案）

毕竟从根源上祛湿，才是关键！（行动理由）

所以，我们在写产品文案的时候，就可以套用这个写作步骤，简单来说只有以下三步。

第一步，阐述用户的需求和痛点；

第二步，描述解决方案；

第三步，给一个立刻下单的理由。

另外，要抓住用户观看的时间点，也就是发圈的黄金时间段，最适合发圈的时间段为以下四个。

（1）早上：7：00～9：00，通勤早高峰时间；

（2）中午：11：30～13：00，吃饭和午休时间；

（3）下午：17：30～20：00，通勤晚高峰时间；

（4）晚上：21：30～23：00，睡前放松时间。

除了发圈时间，发圈数量也很重要。一天之内发布朋友圈的最佳数量为5～8条。太少了覆盖面小，太多容易被拉黑，所以建议分时间段发布，我自己每天日更八条朋友圈已经近两年时间了。

当你真正踏准了朋友圈的发圈时间和发圈内容时，被刷到的概率就会更高，用户对你的印象也会更深刻。像学生党、上班族、中老年、全职主妇等，每个行业、每类人群的作息时间不同，喜好的内容也不同。

一般早晨起床的时候，不适合发广告，我们可以发一些记录生活的文案，包括衣食住行等，从而展现真实的人设。

在午休时间，可以发一条紧跟热点的文案，对热点事件表达自己的观点和看法，多维度地展示我们的价值观。

而下午茶时间和晚上下班后，是朋友圈活跃度最高的时候，在线人数会比较多，而且忙碌了一天，人们都想放松一下，这时我们可以发布一些软广，记得一定不能只是自卖自夸，而是通过案例、用户反馈和证言等多维度展示你的产品或服务。

通过朋友圈的走心、持续分享，你会渐渐得到更多人的认可和喜爱，从而收获内心的满足和快乐。每一次的分享，都像是架起了一座沟通的桥梁，让我们的未来更加丰富多彩。

4.4.3 成交本质，源于精心设计的优质内容

在内容为王的时代，利用优质、有价值的内容进行引流和

成交，是目前最常见、成本最低的方式。

内容的形式多种多样，包括图文内容、音频内容、短视频内容、直播内容等。而优质的内容是指对目标受众真正有价值、有意义和有吸引力的。任何人都有机会借助内容引流，最终实现转化的目的。

那么究竟怎样的内容，才是真正优质的呢？

4.4.3.1　简单易懂，便于用户理解

做内容，一定要做用户读得懂的内容。所以，优质内容的基本法则就是——简单易懂。

我每次给学员手把手改文案，都会发现大多数人热衷于堆砌各种专业词汇，拼命想把自己和产品介绍得更加高大上，可是晦涩难懂的内容其实如 IP 与用户之间的沟壑与高墙。只有简单易懂的语言，才会让他们有转发欲望。这种内容才是真正有生命力的。

例如：

心中有理想，脚下亦坚定！

很多人曾经问过我："为什么每天你都状态满满？"

我觉得答案就是，世界上最快乐的事莫过于为理想而奋斗……

因为心中有理想，脚下亦坚定！

像上面这条文案一样，我的文案里一般没有复杂和高大上的词汇，甚至不太用成语，力求用最通俗易懂的语言，拉近与用户之间的距离。

4.4.3.2　用户视角，才能直击用户深处

优质内容必须与用户的价值高度相关，能够解决用户的实际问题或满足他们的需求。

做内容的捷径，就是模拟用户购买过程。如你走在街上，一家奶茶店一下子吸引到你的注意，这时可以停下脚步，开始具体分析吸引你的原因。原来是因为这家店的灯光最亮，品牌标识最大，所以很容易被一眼发现。或者是因为这里经常排起长队，让消费者产生了从众心理。

做副业也是一样，每次在朋友圈刷到一条好文案，或者在小红书上看到好内容，我都会去分析，究竟是哪一点打动了我。是封面设计、标题，还是金句、感人的故事等。只有知道用户的决策心理，从他们的视角出发，你才能创作出直击其内心深处的好内容。所以得用户者得天下。

例如：

这应该是学习路上最大的悖论！

你是不是也经常觉得等我赚到钱了，再开始学习好了！

可现实就是……往往因为当下的你，无法过上自己理想的生活……

才更加需要学习，来改变自己！

原来的她也是这么想，可现在才发现……学习和成长这两件事，千万不能等！

只有真正行动起来，才能离梦想越来越近！

以上这条文案，就是站在用户角度，描述很多人普遍想要"等到赚钱了，才开始学习"的心态，来引出自己的论点："学

习和成长这两件事,千万不能等。"

4.4.3.3 打造差异化,实现内容优势

想在各大平台上输出内容,很多人会告诉你,先去模仿。虽说模仿是创新的基础,但如果只模仿而不理解其精髓,也无法创作出优质内容。

优质内容是为了让我们自己和产品,真正在用户心中留下印象。如果同样的形式和内容已经成了一种趋势,就一定要抱着与同行拉开差异的心态。当别人都在做视频的时候,你就应该重点发图文。如果所有的口播视频语速都特别快,那你就要心平气和慢慢说。总之,优质的内容需要具备新颖性和独特性,不能是简单地复制或转载。

例如:

近悦远来,心向往之!

昨晚学员跑来报喜,运用文案思维,3场直播直接成交25万元!其实,学习文案越久,你越会发现……

这真的是一股神奇的力量!

能够带给你完全不一样的人生状态!往后余生,我只想做好这一件事……

以文字为"桨",划动思想和人生之"舟"!

我在写用户证言这类文案时,不会吆喝式地夸自己,而是反其道而行之,用"学员的成绩+观点展示"的形式,间接表明学习文案带来的好处。

4.4.3.4 紧追热点,关注时事动态

追热点是自媒体写作中不可或缺的一环。通过及时捕捉和

解读时事热点，不仅可以吸引更多读者的关注，还能提升文章的社会价值。

热点可以分成两类：第一类是可以预见到的热点，如双十一、节假日等；第二类是突发热点，如各种热播剧、新闻等。

例如：

人生，40岁才刚刚开始！

《玫瑰的故事》的结局，告诉我们……

人生的容错率，比你想象得要高。

就算你选错了人，走错了路，结了婚，生了孩子，只要你觉得不幸福，你都有重新选择的自由！

永远不要后悔自己的选择……20岁，你为爱情一往无前；30岁，你为家庭全情付出，勇敢热烈……

即使到了40岁，你依然可以有勇气重建自己，找回自己！

以上文案，就是我在《玫瑰的故事》热播时写的，当时收到了几十个点赞，这种对于热点事件的观点，很容易引起用户的关注。

4.4.3.5　一反常态，打破常规引发思考

顾名思义，这是通过打破常规思维方式和写作模式来引发读者的思考。

例如：

赚钱这件事，选择比努力更重要！

昨天给私教学员改文案，发现他很早就从公司辞了职，开

始环球旅行办公，轻松实现财富自由……

所以，生活中你会发现……有些人朝九晚五，每天辛辛苦苦，所得的收入却只够日常开销……

有些人选对了行业，看起来轻轻松松，生活过得逍遥自在……

有些人总能踩中市场的机会和红利，赚得盆满钵满……

其实，在赚钱这件事上，并不只看努力的程度……

更重要的是你的选择，决定了你的视野！

很多人认为，努力就会取得成功，但是我的这篇文案否定了这个观点。这种颠覆认知的文案，可以让读者在阅读过程中产生更多的疑问和反思，从而加深对文章的理解。

4.4.3.6 四大技巧写故事，让客户一秒记住你

很多销冠其实都是讲故事的高手，他们会用讲故事的方式来感染用户、引起共鸣。无论是在什么场合，一个好的故事，都能让对方立马记住你或被你吸引。那么在商业世界中，如何才能写好自带传播效果的个人品牌故事呢？

先来分享我自己的个人故事短视频文案：

我是思林，是位懂营销的文案教练，给你三个关注我的理由！

第一，我有故事也有成绩。我出身普通却不甘于平庸，父母都是普通的工薪阶层，我却凭着自己的努力，成为别人眼中的学霸，逢考必过，而且考证无数，还是中英法三语达人，毕业后顺利进入了一家世界500强企业，拥有一份光鲜亮丽的工作。

同时也是一个3岁男孩的妈妈，经历了流产胎停，8年看

第4章 成熟期，如何打造你的终身资产

遍上海各大医院，却一直没有放弃，才拥有了属于自己的宝贝，一切困难都无法让我放弃。

第二，我有经验也有方法。2016年我开启了线上创业，没有资源，没有人脉，也没有背景。但是我却很快成为某知名大型教育平台的销冠，还带领3000个普通人开启副业之旅，半年实现百万业绩，风光无限，目前在线上已创业九年，是一名名副其实的副业"老司机"。

第三，我有结果也爱分享。2023年，我成功转型成为一名文案写作教练，从零到实现年入百万，只用了短短一年的时间，还带领学员改写自己的人生，他们都说没想到学写文案，在哪里都能被大家点赞。这是因为，文案背后不仅仅是文字本身，写文案还可以提升你的思维能力、表达能力和营销能力。

我的学员都是普通人，他们用文字有的实现了月入10万元，有的甚至三个月收入100万元，他们都在潇洒生活，狠狠爱自己，多名学员从按点打卡，到一部手机实现全球旅行办公，这充分说明了我的方法可复制。

关注思林，财富光临！期待未来，和你一起用文案营销，撬动世界千万里。

你会发现，好的个人故事有以下几个要点。

第一，用起伏和转折，来引人入胜。从胎停到开启副业，从没有资源和没有背景的文案小白到年入百万元的副业达人。

第二，用数字来举例，凸显真实性。月入10万元，3个月收入100万元。

第三，用细节描述，带来画面感。多名学员从按点打卡，

到一部手机实现全球旅行办公。

第四，用身份的描述，带来认同感。出身于普通的工薪家庭。

以上这样的技巧有很多，但是只有为目标人群传递有价值的内容，你的创作之路才能够长久。有价值的内容就是能够满足你目标人群"身"与"心"的内容。如帮助你的目标人群学到新知识、让他们在你的文字里找到某些心理安慰、替他们发泄心里的不满和伤感，以及让他们与你产生共鸣等。

吸引人的永远是内容本身。准确地讲，是优质内容本身。更准确地讲，是优质内容所传递的真正价值。不断打磨创作内容的能力，让作品更具穿透力，这也是自我成长的方式。

4.4.4 社群锁粉，充分挖掘用户的终身价值

相比一对一转化，社群营销无疑是最高效的成交方式。我自己也是通过这样的方式，轻松完成了多场百万元发售的。因为社群最大限度地发挥了六度空间理论。对传统营销来说，如何让更多人了解产品，并购买产品才是营销工作的重点，但是对社群营销来说，维护与用户的关系才是最重要的。

社群中的每一个人，既是购买者又是传播者，还能产生大量的重复购买，无论是一次购买还是复购行为，都能带来巨大的利益。所以，社群具有低投入、高回报的优势。

而且社群可以带来高效的口碑传播，因为人们对熟人有一种天然的信任感，也更容易接受熟人传播的信息。社群中的信任关系，是口碑传播最大的优势。社群能够以相同爱好、相同

价值观等因素为基础建立信任关系，这种信任关系正是商业活动得以顺利进行的前提。

常见的社群类型主要分为三种：流量型社群、成交型社群和交付型社群。

流量型社群

比如，产品福利群、免费领资料群、直播陪伴社群。这类社群的运营成本低，群内不会很活跃，但是可以达到比较高效的私域引流效果。

核心运营思路就是把社群当作一种流量渠道，通过文案实现进一步转化。后期做活动的时候，就可以先从流量型社群启动。

成交型社群

我们可以准备一些具有诱惑力的产品，像试听课、体验营等，以"体验课+社群服务"来实现转化。

这类社群最大的特点就是短平快，重交付，用一个体验课为诱因建立群链接，然后会有老师在群里督促学员听课、为学员布置作业等，等到课程结束后，对于有意向的客户，再进一步促成成交。

交付型社群

当我们在成交型社群里完成成交动作以后，就可以创建交付型社群。这类社群群成员一般包括已经购买产品，或者已经报名课程的学员。

这类社群一般主打有温度、有愿景的学习氛围，更注重用户的长期价值，关注成员之间相互的链接。

以上三类社群，包含了目前市面上所有私域流量的社群玩法，通过不断地建立信任，把用户从流量群转到成交群，成交后再转到交付群。

凡是曾经加入我社群的小伙伴，都会发现我的群里总是特别活跃，到底有哪些奥秘呢？接下来分享我的七个运营策略（图4-13）。

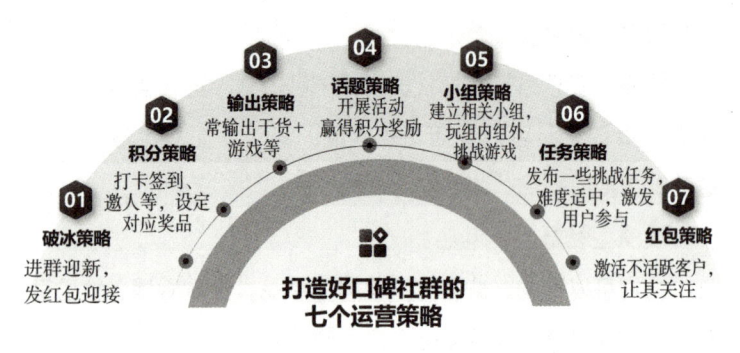

图4-13 打造好口碑社群的七个运营策略

破冰策略

新人进群的时候，要发红包以示欢迎，让每个进来的人感觉被重视，不要舍不得红包钱，它带来的价值远比钱本身重要。试想一下，如果你进了一个群，群里冷冷清清的，也没人欢迎你，估计下次你关注这个群的频率也不会很高。

积分策略

群积分可以包含以下几块内容：打卡签到、发言、参与群游戏、互动、完成群任务、邀请新人、购买产品等。

通过积分制向群成员传递：只要积极参加群活动就可以领取积分，积分又可以免费兑换产品，以此来提升参与度。

输出策略

社群日常的运营与输出，是提升社群活跃度的好方法。

为了增加趣味性，我们可以发布群互动游戏，如成语接龙、看图说话、猜谜解字等，这些游戏不仅可以带动成员的参与度，还可以消磨闲暇时光，加上积分奖励政策，是效果最好的社群管理方法。

课程分享，是社群日常输出的主要形式，能提升社群价值。每周的固定分享可以是两次，每次分享的时长控制在 30～45 分钟，这样有助于提升社群的价值，让成员有所收获。

在课程结束后，如果条件和群氛围允许，可以留下课后作业，用积分体系带动成员参与答题，达到内容渗透的目的。也可以邀请群成员进行分享，互相链接，提升社群活跃度。

话题策略

根据群成员的偏好来定期选择话题，所有参与话题并发表观点的成员均有积分奖励，而发表内容质量高的成员，还可以得到特殊礼品。

因为表达自己和链接他人是人类的天性，也是社交中的重要行为，所以在群里可以定期或不定期地开展个人才艺展示活动，鼓励成员多展示，用展示机会吸引成员参与，用积分带动成员的积极性，是提升成员参与度的最佳方法。

小组策略

如果把社群看作一个大的社交圈子，我们还可以在其中建立相关主题的小组，进行组内和组外的挑战游戏。

比如，可以这样设置，如果一组成员全部按时完成了本次活动，不仅可以得到正常的签到奖励，同时还可以获得额外的礼品赠送。或者在小组内设置不一样的福利和玩法，这样做不仅能加强群成员之间的链接，同时还可以提升群成员的凝聚力。

任务策略

可以通过发布挑战任务，鼓励所有人积极参与，设置各种奖励办法。但是，在发布群任务的过程中要注意，内容不能过于复杂。只有让人觉得容易完成，社群的参与度才会更高。

红包策略

用红包激活僵尸粉效果更为直接，作用更快。红包的目的在于向僵尸粉传递这个群必须时不时关注一下，因为经常发红包，可逐渐唤醒僵尸粉的关注度和参与度。

我的王牌课程"14天发光计划文案行动营"，就用了以上策略的组合，有任务、有积分、有各种奖励政策，还有分组挑战赛，结果是群里活跃无比，每个人都收获满满。

综上，无论是朋友圈自动成交、一对一私聊还是社群发售，好产品是私域成交不变的关键。也只有好的产品或者服务，才可以吸引更多用户，真正提高销售业绩和用户黏性。

牛刀小试

（1）读完本节内容，你会选择朋友圈被动成交、一对一私聊还是社群发售的形式？思考如何组合使用这几种方式？

（2）根据私域资产搭建六步骤，看看你在哪些地方可以优化？是潜在客户名单梳理不够，还是没有持续去推动潜在客户行动，或者没有给现有的学员建立情感纽带？

（3）请运用本节提到的内容输出技巧，把你原先写的一条点赞评论不多的朋友圈文案进行迭代，看看是否要优化数字展现的形式、优化画面感的描写等。相信我，在迭代过程中，你会收获满满。

4.5 交付系统,好口碑成就好未来

知识付费作为一种低成本高收入的赢利方式,吸引了越来越多的教育者、专家和创作者进入。

但是在这个快节奏的时代,很多人不愿意建立深度关系,缺少耐心,觉得这样做太慢了。我自己始终把70%的时间,都用在做好学员交付上。因为我认为,作为老师一定要构建深度关系。只有深入了解和沟通,才能真正帮助他们实现目标。

4.5.1 在交付中成交,打通变现最后一公里

除了朋友圈自动成交,我常用的成交转化通道是:三天公开课——转化训练营——转化私教和弟子班。每次训练营转化私教的成交率都能达到30%~40%,只要为学员提供充分的价值,在交付中成交就是自然而然的结果。

训练营的本质,就是借助社群组织学员学习、让他们不仅能够学到知识,获得参与感、荣誉感和价值感,最重要的是可以引导他们实践并且拿到结果。

普通的付费课程,学员购买后只能自主看视频或听音频来学习,无法产生直接交流和互动行为,所以教和学其实是脱节的,不能真正学以致用。而训练营是以深度的学员群服务和赋能来达到学习结果,学习的模式也从单向学习变成双向互动和交流共创的形式,因此学习效果会更好。

那么应该怎样做一个高转化的训练营呢？主要流程包括以下几个模块，除了训练营，公开课，年度社群的运营也可以参照这种方式。

邀请学员进群

提前 1～2 天邀请学员进群，发送开营海报预热，然后进行课程预告，告诉学员学习规则、课程内容、福利惊喜等，同时为后续学习做好预热准备。

进群前，我一般会给每位学员私发专属海报，并且发一条私信，内容参考如下：

亲爱的 ××：

久等啦！恭喜你成为年度孵化社群"极速吸金文案共创圈"重要的一员！

期待未来一年，和你一起打造个人品牌，提升文案写作能力，拥有更多的收入渠道！

我会在 3 月 22 日（明天）早上 9 点，正式邀请你入群，开营时间为 3 月 22 日晚上 8 点，进群后可查看群公告信息，了解学习安排……

期待遇见更精彩的你！

这样不仅有仪式感，而且可以让学员了解到后续课程的安排，不至于错过重要的内容，大大降低了解释成本。即使每期都有上百位学员，我依然不会选择一键转发，而是单独打上每位学员的名字，一个个发送私信，让学员感受到这份重视。

举办开营仪式

通常包括以下几项内容。

课程预告：在开营前 3～6 小时内，要在群内反复提醒成员积极参加开营，我们可以写一则群公告，例如：

亲爱的家人们：

再次欢迎你的到来，今晚 9 点会有开营仪式和第一节课的分享……

偷偷告诉你，我精心准备了整整 60 张课件，

只为让你收获满满！

收到的家人们请回复："晚上 9 点，不见不散！"

这样能够在群里形成刷屏回复的效果，只要学员一进群就能看到这条信息，不会错过课程内容。

开营介绍：系统说明训练营的目的、学习内容、学习安排、激励措施、老师介绍等，让学员清晰了解在群内要做什么，以及具体应该如何做。

互动宣誓：在开营仪式后，还可以安排宣誓和目标输出环节，让学员都参与其中，利用群体效应增加积极性和互动性。

正式开课

等到正式上课后，就会进入有序的学习运营与管理阶段。先是发布课程任务，并提醒学员及时上课，接着就是鼓励大家在学员群内分享、输出笔记，相互感染，提供一种积极向上的学习氛围。

我自己在给学员上课时，每节课都准备了精美的 PPT 课件，而且都是现场直播，从不因为图省事而播放录音。在关键知识点，我会安排很多互动练习，另外还设置了专场答疑，以及挑战任务解锁等环节，这一切都是为了让学员能够获得更多价值。

实践打卡

我还会单独新建一个打卡群，要求学员们两两配对，共同完成打卡任务。如果有任意一方未完成，即视为两人同时挑战失败，他们会被踢出挑战群。

这样的设置会倒逼学员因为"不想拖累他人"，而竭尽全力完成任务，每次完成率都在 90% 以上。我还为最后挑战成功的队友们，准备了特别的实物礼品以及荣誉海报，多维度激发学员学习的内在动力。

结营仪式

结营仪式和开营仪式的作用基本一致，不同的是为最后的转化做铺垫。常规环节有：

总结课程：系统回顾整个训练营的学习内容；

表彰鼓励：对表现优秀的学员进行表扬，颁发结课荣誉证书；

提出建议：同时引出私教课程，呼吁想要进一步通过文案拿结果的学员继续深造。

每次在转化私教课程的环节，我都能获得不错的转化成果，关键的秘诀其实不在于话术，因为我只是简单介绍了私教课程的权益，就有不少用户直接付定金。我相信信任不是一两天建立的，用心做好交付才是让用户愿意继续追随的根本原因。

用"三感"服务，赢得学员的肯定

在整个训练营服务过程中，我一直坚持"三感"服务。

仪式感：入群前一个个私发入学通知书，在课堂上一一为学员点评作业，在朋友圈为学员的文案点赞评论，为他们的每一次成长喝彩。

超值感：每节课都是现场直播，并提供了很多文案公式，可以直接套用。而且额外增加了互动答疑、实物奖励和荣誉证书，利用多样化的奖励和挑战进行组合，给用户带来超值的感受。

氛围感：每一期的挑战内容都会精心设计，如分组挑战赛、打卡积分、主题挑战等，这些不仅给学员带来了有趣的体验，还能让他们从中学到知识。

塑造产品价值，抓住用户注意力

成交一定不是只卖产品，而是卖结果。 因为用户买的不是你的产品，也不是你的服务，他买的是产品带给他的结果和改变。

产品越接近用户想要的结果，用户就越容易产生成交的行动。因此，要想方设法让用户看到结果，把 90% 的精力放在用户想要的结果上，10% 的精力放在产品本身上。

每次在课程交付的时候，我都会留心用户的需求和想要达到的目标，然后用结果来塑造课程的价值。在课件里，我也分享了很多学员的成功案例，以及报名后能得到什么样的具体结果，达成什么目标，有什么改变，过上什么样的生活，成为什么样的人等，这些都为后续转化做好了铺垫。

设计成交主张，让用户无法拒绝

想要成交用户，我们必须打造一个让用户无法抗拒的成交主张，**成交主张 = 解释原因 + 独特卖点 + 超级赠品 + 零风险承诺 + 稀缺性和紧迫感 + 价格详情 + 特别提醒**。

解释原因：要给用户分享自己做这款产品或课程的原因，如我因为学习文案才能在创业路上突破瓶颈，一路逆袭，所以才推出了私教课程，想要真正手把手带学员拿结果。因为淋过雨，才想为更多人撑把伞。只有深度的一对一带教，才能带学员练就扎实的基本功，在副业路上真正拿到结果。

独特卖点：我们的产品能否卖出，取决于为用户创造和贡献价值的大小，所以要说清楚你能提供的核心产品或服务是什么，能给用户带来什么价值。为什么是咱们的产品而不是别人的？咱们的产品有哪些独特的卖点？所谓独特就是要么第一，要么唯一，这样才能引起用户的注意，并且要与用户想实现的结果密切相关。

超级赠品：用来配合核心产品，增强客户购买的欲望，加快成交的速度，超级赠品必须有足够的价值。尽管是送的，也要把价值塑造好，并且与核心产品有相关性。

零风险承诺：成交必须解决两个问题：第一个是信任，第二个是风险。信任一旦建立了，用户就有了下单的欲望，但他内心深处还有担心，我们必须帮他解除这份顾虑。所以要给出一个零风险承诺，如果达不到我们说的结果，可以全额退款，让他不用承担任何风险。

稀缺性和紧迫感：这是让人们快速决定、快速行动的必要条件。当我们的核心产品无法做到稀缺性和紧迫感时，就用赠品制造稀缺性和紧迫感。

价格详情：在没有塑造好价值之前不要报价格，因为不管你说多少钱，客户都会感觉贵，不管你说的价格是高是低，都需要再向客户解释为什么,所以要先塑造产品或服务的价值,能够帮助客户解决什么问题或实现什么梦想,以及市场上同类产品或服务的价格,然后再报出自己的价格,这样客户在心理上会比较容易接受。

特别提醒:最后的特别提醒,就是把最重要的事再重申一遍,催促客户马上行动。

总之,做好一个训练营有非常多关键环节,但有一个不会变,那就是:细节决定成败。坚持以学员为中心,让他们有收获才是我们做课程的用意。

4.5.2 做交付有"三重",用生命影响生命

记得我的另一本合集畅销书《改写》,仅用了一天时间,就在学员中快速集结了 32 位联合作者。当时本书的编辑李海峰老师马上夸赞道:"你的学员黏性真的好强!简直不敢相信你的集结速度!你到底是怎么做到的?"

我的回答很简单:因为自始至终,我都努力做到十倍百倍的价值交付。做好交付是成本最低的获客方式。

4.5.2.1 重实操,以结果为导向

我带学员不变的宗旨就是:让他们拥有超值体验,并且带来实实在在的改变。

很多学员从副业小白,一个月内成功跑通了商业闭环模式,设计出高价值产品,并且成功出单;很多宝妈一边带娃,一边跟着我深耕自媒体,实现了日入过万元的成绩,让另一半刮目相看;还有学员从完全的副业小白,到收入远超主业,并

且掌握多项技能，在主副业都拿到了良好的正反馈。

在我看来，一切以结果为导向，才是 IP 实力最好的证明。每位学员的背景墙内容、课程海报、朋友圈文案、个人简介等，我都会为他们一一修改，真正带来有安全感的交付。

而且我分享的所有内容，都是亲测有效的实战经验，从不讲泛泛的理论知识。只有真正落地的方法，才能让他们信心十足，不断形成正向循环。

4.5.2.2　重走心，尊重每个人的花期

曾经很多学员告诉我，每天不管多忙，都要来逛逛我的社群。因为一旦进入到这里，都会感觉到温暖和安全感。感觉这里就像是一个能量充电站，能够随时被治愈、被赋能、被托举。

在这里，每个人是被看见的，所有的进步、所有的付出、所有的努力都能被看见、被尊重。也许你在当下还没取得结果，但我仍然能发现你身上的亮点，想要不断鼓励你。因为每个人的花期不同，并不意味着你的价值比别人低。相反，正是这些不同的花期，构成了这个多彩多姿的世界。你的花期，也许就在下一个转角，等待着你的绽放。

同时，我还鼓励大家积极互动，安排学员在社群内主动分享经验。当我们怀着利他之心，滋养他人的同时也滋养了自己。

4.5.2.3　重理解，想学员所需所求

我觉得对待学员就像追求心上人。如果一上来，就极其热情，急着表白，或者直接见家长，就很容易吓着对方。而是要

了解心上人的生日、生肖、兴趣爱好、生活习惯等信息，还要站在对方的立场上想问题，知道对方在想什么。

也就是"想用户所想，急用户所需"。这里有一个前提，就是需要充分地了解用户每个阶段，最焦虑什么，渴望得到什么，最关心什么，然后给到最极致的交付。

还记得豪车毒创始人老纪有句经典的话："**同行都没有做的，才算是服务。如果一种服务已经有同行做了，那就不是服务，而是义务。**"也就是说，我们要用极致的服务，去给信任我们的人带来价值。

我一直相信，交付的最高境界是用生命影响生命。一切外在结果的呈现，只不过是内在的显化而已。未来我所努力的目标，是不仅给学员传递"术"层面的实战经验，更希望用"道"的层面帮他们活出最适合的生命状态。

4.5.3　诚心正念，副业路上走更远

现今，知识付费行业越来越火，但很多人发现，有些课程的营销做得很好，但并不能真正解决问题。所以在我看来，未来单纯教知识的课程，一定不是趋势，**不靠营销，靠交付取胜，才是真正持久的选择。**

4.5.3.1　知识产品的交付是双向的，前置筛选机制

老师好好教，学员好好学，才能真正拿到结果。好好教，是老师的价值观，不正心正念的人迟早会翻车；好好学，就要筛选对的人。

一定要设置好"筛选机制"，让合适的人来学习。有些学

员执行力不强，三分钟热度，那么就不太适合学习我们的高阶课程，应该从看书、听课开始，先提升自己的认知。而有些学员认知高，执行力强，和他聊天只要点一下，他就能立马去执行，交付的过程会非常顺利。

所以，越是高客单价的产品，越需要筛选学员，来保证你的交付结果。

4.5.3.2　提供标准化内容，提升交付效率

标准化是做好交付的前提。单次的一对一咨询会因为每个客户的问题不同而无法复制和标准化，因此在宣传和营销上就会比较吃力，因为对于 A 客户的问题，B 客户不一定感兴趣。

而当我们的高阶产品有了一个相对固定的目标和流程，更容易跟踪客户的进度和衡量客户的成果。因此，我们在设计产品的时候，要不断总结经验，拆解共同的问题，最后整理出一个标准化的服务流程，让客户可以清晰地看到我们可以怎样帮助他从 0 到 1 实现目标。我的做法是把自己的私教交付内容，写成一本讲义，力求把流程和标准都固定化。

4.5.3.3　真诚才是永远的必杀技

开启副业已经第九个年头了，不管做什么行业，我始终坚信一句话："真诚才是永远的必杀技。"比起运用各种营销套路，我更偏爱真诚地对待学员，因为这份信任值得我竭尽全力。

深耕自媒体这一行业，我深感自己肩上的使命感。教育，是用生命影响生命。上课其实很简单，输出一些干货就可以是一门课，但我觉得这只是知识投喂而已，信息时代最不缺的就

是知识。

真正要落地有效，就需要导师自己拥有较强的且多方面的综合能力，而更重要的是起心动念和人格品质。

学费的背后不是钱，而是学员的信任、认可和希望。所以我希望，每一位学员在我这里，都能实实在在地成长、收获，达成他们的目标。

干一份事业，爱一份事业，专一份事业！未来我会努力用一盏灯去点亮另一盏灯，影响和帮助越来越多的人，真正做到成人达己！

牛刀小试

（1）你报过的哪门课程让你印象深刻？它打动你的点是什么？

（2）参照你过往的学习经历，在你心中，好老师的标准有哪些？梳理出至少3点，想想如果你来做交付，你会怎么做？

4.6 案例拆解：做对选择，副业可以有声有色

优秀的人被梦想吸引，平庸的人被工资吸引。在优秀的人眼里，梦想比工资更重要。

在副业的道路上，很多人干的项目很多，但是发现最后都不挣钱。因为什么都想干的人，绝对什么都干不好，反之只干一个项目，甚至只干其中一环的，大多结果不错。

所以，做对选择，未来副业将是你实现自由的筹码。

4.6.1 通才和专才，哪种选择更占优势

凯文（Kevin）是我的一位学员，兴趣爱好广泛的他，从小学习美术，通过十多年的学习，他顺利考上了上海一所知名大学的美术专业，在大学毕业后又花了三年多时间学习声乐。自从领略到好文案的魅力以后，他便开启了副业变现之旅。

和同龄人不同，他把自己的业余时间用在学习各种技能上，这些年大大小小的课程报了不少，却并没有拿到自己想要的结果。

但是他始终没有放弃，依然在副业这条路上坚持着，终于找到最适合自己的定位，通过一段时间的学习，他成为一名文案导师，在他的指导下，学员的业绩翻了好几倍。

他说学习这件事，最重要的就是要有一个良好的环境和圈

子，因为一个人很难坚持。也正因为如此，他付费五位数从我的社群课一路升级到了弟子班，他说能找到像我这样一位在一个领域长期坚持的老师是特别幸运的事。

跟我学写文案以后，他不但提升了表达能力，还完成了里程碑事件：在 2023 年 9 月，他用我分享的一张照片，尝试头脑风暴，短短 11 天内写了 200 条不同视角的文案，在朋友圈引起了不小的轰动，受到了无数夸奖和好评。

2024 年在我的帮助下，他出版了自己的第一本合著畅销书，圆了多年前想要出书的梦想，他把自己在文案方面的优势逐渐放大，无论是做群分享，还是做课程招募，现在的他都变得更有自信了。

他说跟着我继续走文案这条路，是他做的最正确的决定，让自己的人生变得更有意义。从样样都学，到专注于文案这一项技能，他用自己的亲身经历证明，只有足够聚焦才能真正拿到结果。多年的摸索和尝试也让他更加明白，与其什么都学，不如专攻一项，把一项技能打磨好了，才能一招鲜，吃遍天。

4.6.2　情感咨询师，以利他共情走通品牌之路

Z 先生是我弟子班最早的一批学生之一，他是一位很特别的"95 后"，也是资深情感咨询师，擅长帮助学员解决情感和心理问题。

他做情感咨询师的初心，是因为自己经历过很多情感创伤，"只有淋过雨的人，才懂得给人撑伞"。而现在太多人在感

情上不仅遇不到对的人，还在错误的道路上越走越远，所以他一直致力于传播正确的恋爱观念，从识人避开渣男到主动出击，再到建立幸福的恋爱关系，他都有自己一套行之有效的方法。

但这个时代不是有能力就能出彩的，有时候被人看见，比能力突出更重要，这也是他来找我学习的原因。即使他也曾学过很多个人品牌的课程，可是依然发现，在个人品牌传播上，文案才是最直接落地且有效的。

了解到我的教学风格后，很快他就加入了我的弟子班。通过学习，在不到一个月的时间，他就开始做社群发售，第一场就实现了 16 万元业绩，大大超出了自己的预期。

我为他感到特别开心，因为我始终觉得，一个人能够有所成就，除了正确的方法，真诚的利他之心真的很重要。他做咨询有一个很大的特点就是能一次解决的问题，绝不会留到第二次，只要能帮到他人，永远都不吝啬加餐分享，所以学员的反馈都很好。

老子说过："先其身而身先，外其身而身存。"把众人的利益放在自己之先，反而能得到众人的拥戴；把自己的利益置之度外，方能更好地保全自身。

我们获得的一切善报，皆源于为他人创造的价值。你为他人打的伞，来日都会化作为你遮雨的屋檐；你为他人留的后路，最后也会变成你的康庄大道。

这世上没有人是一座孤岛，极致的利他，就是最好的利己！

4.6.3 写书陪跑，深钻细分领域快速拿结果

小仙是我在一个高端个人品牌社群结识的伙伴，后来因为出这本书的缘故，我们彼此走近，亦师亦友。

她从世界 500 强外企管理岗离职，因为对写作的热爱走上了自由职业者的道路。凭借从小的语文和文综的优势，写作 19 年，开启自媒体写作后，更是日更写出百万字。后来，她借助高价写作社群资源，很快获得出版社编辑的青睐，180 天内签约了 3 本书。

在个人品牌打造的前期，她的定位是"写作赋能教练"，和大多数老师一样，教学员写自媒体观点文、品牌故事文和拆书稿。对于刚做个人品牌，在粉丝基数小的情况下，她的 365 元写作变现社群，招募了 3 期不到 100 人，之后就陷入了流量瓶颈。

写作社群的营收也只有 2 万多元，流量和营收的压力，让她陷入思考，要如何在内卷的写作赛道中破局？她选择了"向上卷"，深耕细分领域，不再教别人写作，而是教别人写书。她把定位拉窄，选择了一个高价值的细分领域，而不是和很多老师一样的自媒体写作领域。

说干就干，她借助一场三天公开课发售，打造出自己的万元客单价产品，通过社群和直播做发售，首发就实现了业绩的十倍增长。后面她不断迭代产品，更依托于写书这样自带高价属性的产品，研发出 9.8 万元的"写书全案服务"。

自从调整到这个细分领域后，她反倒有更多时间聚焦，只

研究写书这件事情，高客单学员不需要很多，让她有时间始终和用户在一起，洞察用户需求和解决用户的问题，形成了商业的增强回路。越聚焦越专业，越专业口碑越好。

定位定江山，对于普通人而言，找到一个差异化、高价值、细分定位是很有必要的。在如今的后知识付费时代，普通人要想弯道超车，没有几年积累下来的流量做支撑其实很难。流量小变现多的秘诀，就在于高价值的细分定位。

牛刀小试

你觉得副业路上，那些真正拿到结果的人都有什么样的共通性品质？你有这些品质吗？你会如何发挥这些品质？别忘了，学习他人的最终目的是遇见那个更优秀、更成熟、更自信的自己。

第 5 章 收获期，如何在副业中实现人生价值

副业是一场持久战。你会发现几年前,在各大自媒体平台做出爆款作品的博主,慢慢销声匿迹了。平台对于内容的要求,也越来越高,各种检测机制越来越严。很多人在不停地变换自己的定位,以前发圈就能轻松日入几千元,现在这种情况已经不复存在了。

我自己在做分销副业的时候,也经历过平台的红利期,那时只要转发朋友圈,第二天起床都会发现"躺单"的惊喜。而现在,不管哪个赛道似乎都变得越来越卷。所以,要想持续在副业上赚钱和成长,需要一个长期精进的过程。

当我们经历了副业的前四个阶段,接下来到了收获期,这也意味着当你通过前面内容的积累和实操,在副业上取得了一些成绩,但同时我们会面临新的问题:如何将这份事业做得更持久?

5.1 平衡人生：如何实现事业家庭双平衡

知乎上曾经有很多人提问："如何平衡事业和家庭？"其中"高赞"多的回答是："想要二者兼顾，就要学会用心经营。"

确实，每个人心中都有自己对幸福的定义，但总结起来无外乎事业成功，同时家庭幸福。可忙碌的生活，接连不断的事情，让你慌乱地想要抓住所有，回首却发现好像什么也没抓到。

主持人杨澜曾说过："**家庭和事业时刻保持平衡，这种完美期待是不存在的**。"那么我们如何才能真正平衡好主副业和家庭，最终事业家庭双丰收呢？

5.1.1 找到内驱力，副业的第一生产力

曾经在带学员写文案的时候，有件事让我特别困扰，那就是很多人无法坚持每天输出。经常三天打鱼，两天晒网。

你是不是也遇到过同样的情况：明明知道有事情需要完成，却总是拖延不决，或者即使开始了，也是心不在焉，效率低下？

其实解决这个问题的答案只有三个字：**内驱力。这个看似无形的力量，实则在我们生活的每一个方面都发挥着至关重要的作用**。

我发现身边那些真正在副业上拿到结果的人，都是内驱力强大的。它不同于外在的奖励或惩罚，而是源自我们内心的渴

望和追求。一个拥有强大内驱力的人，无论面对何种困难和挑战，都能坚持不懈，勇往直前。他们热爱学习，乐于挑战，对生活和未来充满热情。

5.1.1.1 找到内心的"非做不可"

李笑来老师在《什么决定你的自我驱动力》一文中说过：没有驱动力去让自身获得向往的技能，往往是因为这种技能没有形成生活、学习或是工作的刚需，可有可无。

因为如果不是刚需，那么假设你的脑子里有了一个新的想法，就会急于收集资料赶紧去做。三分钟热度之后，发现太难了，会主动地给自己找退路，选择放弃。而只有找到你真正非做不可的事，注意力才能聚焦。

由于主业的关系，有几次我加班到很晚才回家，但依然坚持给学员们上课、做咨询，因为我认为这是一份责任，必须给予信任我的人价值。当你找到了内心的"非做不可"，就能克服一切困难。

5.1.1.2 从"我做不到"，到"怎样做到"

同一件事，只要转念换一个思路去做，很多时候就能柳暗花明。但很多时候我们只看到"我做不到"，而没有去思考怎样做。如果改变一下思维方式，面对难题时先寻求解决方法，聚焦"怎样做到"，则很快就会柳暗花明。

比如，我已经坚持每天输出八条朋友圈一千多天，我想的不是我自己最终能坚持多少天，而是即使在很忙的时候，如何依然坚持完成。如可以拆成早中晚各写三条，难度就会大大降低。

5.1.1.3 给大脑释放积极信号

诚然,我们每个人在成长的过程中往往会经历各种不好的反馈,同时也从失败中得到了很多信息,如"选这个选项是不正确的""我不擅长骑车"等。但是,这种负向的反馈会让我们觉得自己并不适合去做某一件事,从而很容易放弃。

我们可以在满足一个小目标以后,及时给自己一些正面的奖励,就能给大脑释放积极的信号,从而启动自信心,告诉自己要开始进入新阶段了。

比如,减肥,先努力达成减掉一斤的小目标,给自己带来信心和希望后,然后再不断提升难度。

总之,要关注真正能帮助你提升内驱力的事情。不要只看结果,要关注过程;不要只看过去,要关注未来;不要只看别人,要多关注自己,就能最终拥有动力的源泉!

5.1.2 化敌为友,把家人变成副业好帮手

记得我刚开始准备做副业的时候,第一个站出来反对的人是我的母亲,因为担心我太累太辛苦。相信天底下的父母,都希望看到子女能够过得幸福快乐。尤其是当她看到,我拿出自己一切的业余时间,包括吃饭、过马路、睡觉……都在马不停蹄投身这份事业,于是忍不住想要阻止。

无独有偶,有一次在上海开线下课,很多学员都分享了相似的副业经历,因为父母的反对,所以经历了前所未有的阻碍。但令人欣喜的是,最后我们都用结果证明了自己的选择是正确的。

无论我们做什么，父母和家人的支持其实会成为前行路上的一道光，那么如何才能真正得到他们的理解呢？

5.1.2.1 尊重对方，尝试沟通

我们可以开诚布公地跟父母畅谈一次，讲出自己的理由和想法。就像开董事会，你和父母都有发言的权利，而你自己永远是最大的股东。

真诚沟通可以让交流变得很简单。当你用爱和尊重面对家人，了解他们的担心和顾虑时，最终一定会得到他们的理解和支持。

5.1.2.2 持续分享，赢得家人理解

作为线上创业者，我们做的工作大部分可以在手机上呈现，不了解的人，自然对我们会有很多误解。刚开始我的先生也认为我"不务正业"。尤其是好不容易下班回到家，经常抱着手机不撒手，每天早早起来第一件事又是看手机。长此以往，一定会带来很多误解。

所以我经常会把自己的课程链接、直播视频分享给家人，让他们多了解我在做的事。随着了解的深入，他们自然也就不那么反对了。

5.1.2.3 拿到结果，用成绩证明一切

如果我们想要获得家人的长期理解和支持，最好的方法就是真正拿到结果，用事实证明一切的努力皆有意义。

把自己变得更好，是解决一切问题的核心。当我们变得更健康、更开心、更富足了的时候，和我们每天相处的家人，一定会感知到这份变化。

印象最深的是，当母亲看到我写的几本书在全网拿到了不

错的成绩，而我还获得了"第十届当当网影响力作家"荣誉时，她偷偷地把我的书来回翻了好多遍。

另外，我经常会收到学员送来的卡片，每当家人看到他们因我而拥有了不一样的崭新人生，家人就更是无比支持我的事业了，他们甚至还愿意为我分担工作中的琐事。

所以，家人的爱如同一条静谧的河流，它在我们生活的田野上蜿蜒曲折，滋养着我们的心田。良好的家庭关系，也能让我们的副业之旅变得更加绚丽多彩。

5.1.3 三大妙招，轻松平衡事业和家庭

家庭是一个人的归宿，是心灵和精神的寄托；事业则是一个人的社会追求，是自我价值实现的一个途径。

怎样做到两者之间的平衡，其实没有标准答案，而是每个人内在的感觉。这不是任何人能给出答案的，而是在你的心中，是否对自己的生活感到满意。

5.1.3.1 增加"时间的厚度"

我们无法提升时间的长度，但是可以增加时间的厚度。也就是让自己变成一个更富有责任、更有担当的人。

比如，跟家人打个 10 分钟的电话，可能胜过原本回到家里半天的陪伴。因为原本你回到家，或许只是人坐在那里，拿着手机，心思却不知道飘到什么地方了。但 10 分钟的电话可能让此时此刻的你付出的是全部精力，因此虽然时间短暂，但高质量的陪伴，让家人收获到的爱反而更多。这就是增加了"时间的厚度"。

5.1.3.2 不必完美，60分也很可爱

除了工作，我们也应该尽可能地去享受工作之外的快乐，只有这样，生活才能更加丰满。

把时间分给家人、分给兴趣爱好、分给大自然。要知道，除了工作，我们还有很多获取快乐的途径。

很多时候，我们看到周围人成功，就会莫名觉得焦虑。其实别人的成功不是给你指定出一条"非此不可"的狭路，而是为了帮你找到对你而言最适合的方向。毕竟只有你知道，自己在什么处境，又将会去向何方。

5.1.3.3 做孩子的好榜样

记得当我处于事业的上升期时，却发现自己怀孕了。为了不再重蹈覆辙，我决定向领导提出了长病假的申请以安心养胎，尽管申请遇到阻碍，我依然坚持了选择。最后当我回来工作，才发现原来的岗位早已被人取代，但是我从不后悔自己的选择。

因为上帝给我们赠送的每一份礼物，都在暗中标好了价格。这个世界上从来没有十全十美的好事，如果你在一个地方得到一些东西，就可能会在另一个地方失去一些。

从此以后，我开始利用一切休息的时间拼副业、不停地学习提升自己，因为我相信父母的行为，就是对孩子最好的言传身教。以榜样的力量去塑造孩子，在言行举止中给孩子树立正确的人生导向，让他们成为更好的自己，这也是我们努力奋斗事业的最大回报。

事业和家庭兼顾，诚然不容易。对于每一个创业者，不仅

第 5 章　收获期，如何在副业中实现人生价值

要在事业和家庭两方面做出平衡，更要在自我关怀中找到力量。每当你感到疲劳、心烦意乱的时候，花一些时间给自己，照顾一下自己的身体和心灵健康，愿你我带着对未来美好生活的向往，最终实现事业和家庭双赢。

牛刀小试

（1）你在成长的路上，有没有遇到过家人的反对？你是怎么面对的？结合本节内容，你有没有更好的解决方案？

（2）平衡事业和家庭，你有没有自己的小妙招？

5.2 终身成长：你终会拥有闪耀美好的人生

学者吴伯凡曾提到一个概念，叫作"认知留级"。很多人在告别学生身份的同时，也告别了学习，在认知上成了一个留级生。不同于真正意义上的留级，认知的留级，往往很难察觉。

你会发现在生活中，两个人可能年纪相仿，但是认知上，可能会相差很多。学习不应该在离开校园后停止，而应该伴随我们终生。

是否终身成长，决定着你能否遇见更好的自己，也在很大程度上决定着你人生的质量。

5.2.1 目标驱动，画出 10 年人生蓝图

有规划的人生是蓝图，没有规划的人生是拼图。有规划的人生清晰地指引着我们前进的方向和目标，帮助我们更有条理地实现梦想和抵达理想的彼岸。

与之相反，没有规划的人生就像一幅拼图，碎片零散，缺乏整体的视野和方向，容易让人迷失在琐碎的生活中，也难以让人达到内心真正渴望的成就。

所以，对未来的规划让我们更有目标、更有动力，更能克服困难和挑战，朝着自己的理想生活前进。

那么，如何绘制这张人生蓝图呢？

第一步，感受你的理想画面。

我们可以找个安静的地方，闭上眼睛，做三个深长的呼吸，想象一下未来，如果你的事业取得了成功，那会是一幅怎样的画面？然后，把你的成功画面描绘和记录下来。

第二步，通过这个画面，倒推目标。

通过第一步，倒推你的事业目标。也就是三年、五年后你的事业理想或者愿景是什么？

然后画出你在成长路上的站点，当你清晰地告诉自己，你要去哪里的时候，你的"导航仪"才能带你走到那个地方。

思考为了走到这个站点，你要实现哪些具体的目标？因为想要成功走到你的目的地，你要详细地告诉自己，每个阶段需要做什么。

第三步，价值观探索，找到人生使命。

在这一步，我们可以思考以下问题。

（1）你所尊重的人，都拥有什么品质？

（2）你最讨厌的行为是什么？

（3）你最想传递的品质或价值观是什么？

（4）你希望你的孩子拥有的品质是什么？

（5）你觉得成功路上，最宝贵的品质是什么？

因为只有树立正确的价值观，专注于自己的使命，在不被欲望驱使下，才能最大限度地拥抱自己的理想人生。

下面拿我自己为例，为大家拆解。

第一步，我的理想画面是和一群志同道合的伙伴，一起做着自己喜爱的事业，享受时间自由、工作自由的人生状态。

第二步，我需要链接同频的创业伙伴，加入积极正能量的圈子，并且不断精进自己的一技之长，给信任我的学员带来真正的价值。

第三步，坚持长期主义，行稳致远，不急不躁，用心专注做好文案这一件事，每年写一本书，记录自己的创业思考，踏实带学员拿结果。

最后请记住，天才是 1% 的灵感加 99% 的汗水。如果没有行动，再好的规划也无法落地。从此刻开始，好好挖掘自己的优势，去规划、去行动，努力践行自己的人生蓝图吧！

5.2.2 心力第一，提供用不尽的燃料

在成长的道路上，每一次危机，都是一场适者生存的筛选；每一个困难，都是人生走向的分水岭。

为什么遇到困难后，有的人自暴自弃、蹉跎度日；而有的人越挫越勇，最终战胜困难？

这个背后，有一个关键能力，就是心力。很多时候，心力比能力更重要。当你的心力不强，再大的能力也发挥不出来。那么，应该如何提升心力呢？

5.2.2.1 愿景力

很多时候，你心力不足，实际上是因为你的愿景力太小。当你的愿景力只有乒乓球那么大时，遇到篮球般大小的困难就看不见目标，只能看见困难。

但是，当你的愿景力有珠穆朗玛峰那么高时，即使你的困难像泰山那么高，也是微不足道的。

所以，找到你真正热爱的事物，热爱是战胜恐惧的法宝。当你明确自己的初心，找到自己想做、愿意去做的事情，内心有了热爱，你会获得内心的力量，驱使自己不断前进，迎接每一个挑战。记住一句话：人之所以能，往往是因为想要能。

5.2.2.2 复原力

很多人像玻璃花瓶，突然遭遇一个"意外"，被拍在地上，就彻底成了碎片。而有复原力的人，则像皮球，虽然在外力的作用下会变形，但又会很快恢复成原来的样子。

无论是在事业中，还是在生活中，每个人都会受挫，如果想要走得远，就要有复原力。在副业的每一个阶段，成绩和挑战并存。很多人曾经问我，为什么从你的朋友圈里，看不到任何的沮丧，每天都是满满的正能量。

我想无论遇到多么艰难的情况，都要有皮球的心态，而不是脆弱得像玻璃。当一个人有强大的复原力，就不会害怕困难，反而会把困难当成挑战，不断成长。

5.2.2.3 反脆弱力

塔勒布在《黑天鹅》一书说过："我们一直认为波动性、随机性、不确定性是一桩坏事，于是想方设法要去消除它们，但这些想消除它们的举动，让我们更容易遭到黑天鹅的攻击。"

其实反脆弱不只是抗击打能力，更多的是指被击打之后，反而能使你跳得更高的能力。如在几年前，很多人是做线下业务的，可是因为线下业务受到了冲击，面临了生存的挑战。这个时候，如果你能够不受干扰，积极尝试做线上业务，反而能在危机之下，倒逼你修炼出刚性能力，形成护城河。

尼采有一句名言：任何不能杀死我的，都会使我更强大。人生路上，当我们把危机当转机，把苦难当磨砺，走过该走的路，必将得到命运馈赠的礼物。而心力，就是你的核心竞争力。

在日常生活中，我们可以提高自我效能感，先完成一些简单的事情，建立信心；然后，挑战做更难的事情。价值感越来越高，底气就会越来越足，内心自然更有力量。

我们可以提高心力的使用效率，屏蔽无关的干扰项。如高压工作之余，通过冥想，快速给自己充电，补充心力。

还可以像我一样，通过书写来认识自己。因为写作是与自己灵魂深入交流的方式，也是找回自己的工具。它可以成为你的成长路线图，成为你的精神伴侣，也可以成为你最真诚的朋友。

以上这些方法，都有助于帮你训练心力。梁启超说过一句话："天下万事，唯心而已，心力所至，无所不能。"

增加心力是一个持续的过程，需要我们不断实践和反思。而我们的每一次努力都是在为自己的心力"充电"，每一次的坚持都是在为生活增添光彩。

牛刀小试

（1）你未来10年的人生规划是什么？按照上文中的方法，一步步去想象理想画面，倒推目标，提炼出内心的价值观。

（2）如果以 10 分为满分，你给自己的心力打几分？想要将副业长期、稳健地越做越好，就要不断提升心力。如果得分低于 8 分，建议阅读稻盛和夫的系列书籍，能帮助你更好地理解并提升心力。

5.3 善为道者：人生就是一场修行

很多时候，我们"卡"在一件事上，并不是因为我们不够努力，而是尝试了大脑中所有已知的办法而依然无效。久而久之，我们会对此感到失望，不断抱怨生活。

其实此时的我们，可能处于一种认知被遮蔽的状态中，就像一条鱼缸里的金鱼，永远意识不到鱼缸的存在。唯一打破鱼缸的方法，就是从修行中，找到自己的本心，收获人生智慧，重拾内心的安宁与幸福感，最终达到无忧人生。

5.3.1 平衡财富与德行

在这个时代，金钱常被视为一面照妖镜，利益则像一把衡量人心的尺子。如果一个人自身的德行无法与其享受的财富和地位相匹配，那么很多问题往往就会随之而来。

5.3.1.1 德以聚财，财富和德行成正比

善不积，不足以得福；德不立，不足以聚财。不善良的人没有福气，德行不够的人，不能聚起财富。**财富和德行是成正比的**，一个人的德行越好，财富越多，福报也就会越深。

当一个人心怀仁爱善良，就能够凭借富贵造福万物，反过来如果人品低下，自私自利，见利忘义，无论再怎么奋力拼搏，即使在副业道路上赚了一时的钱，最终也只会竹篮打水一场空。

5.3.1.2 真正的财富，源自生活

其实，财富只是一种工具，它可以帮助我们实现更高的目标和理想。但是，我们不应该过于追求财富而忽略了其他方面的价值，如家庭、友情、健康等，这些都是生命中宝贵的组成部分。

人生如寄，我们皆是过客。只有珍惜时光，以一颗平和、感恩、勇敢的心活在当下，把握每一分每一秒，才能让生命绽放出最绚烂的光彩。

5.3.1.3 审视动机，承担社会责任

副业本身并不是人生的目的，但是我们可以通过它去实现更为长远的价值。如探索如何在事业中融入社会责任，将个人的成功与对社会的责任和回馈相挂钩。

我亲眼见证很多学员，亲手改写了自己的人生。我秉持一颗关注和关爱学员的期待之心，不断地了解他们、引导他们、给予信心、给予力量、给予方向，使其茁壮成长，同时也为这个社会贡献价值。

最后，实现财富与德行的平衡是一种艺术，需要我们付出不断努力。在这个充满挑战的世界里，每个人都面临着平衡财富与品德的抉择。只有当我们意识到财富与德行是相辅相成，而不是相互对立的时候，才能够真正实现内外的平衡。

让我们坚守内心的德行准则，在努力追求事业的同时，也不忘记对他人、对社会的责任和回馈。只有这样，才能在财富与德行之间找到平衡，成就更加美好的未来。

5.3.2　四季轮回，学会顺应自然规则

昼夜更替，四季轮回。生活中的许多美好，在于一切都不可重复，它们因此而一直存在于记忆里！

人生是一趟单程车，一路向前，永不回头。我们每天都会迎来崭新的日子，却常常在自己的蹉跎中，反复过着同样的时光。所以，只有脚步向前，境界向上，人生才有希望。

5.3.2.1　知因果，方能懂得善恶

任何事情的发生都有其原因。所以，当我们在副业路上，遇到困难或挑战时，我们不应该只是抱怨或沮丧，陷在情绪里无法自拔，而是要深入思考其背后的原因。只有这样，才能找到解决问题的办法。

5.3.2.2　懂规律，方能迎接挑战

很多人说过，创业之路就是九死一生，经常会遇到各种问题和挑战。但是如果能够掌握规律，懂得分析背后的底层逻辑，就能更好地应对这些问题。

在大家都在拼命卷直播时长的时候，我没有选择打不过就加入的方式，而是分析自己的优势，权衡利弊，最终选择深耕自己最热爱的文案写作，在这个领域一步步拿到结果。

5.3.2.3　顺应人性，方能行稳致远

看透人性本质，意味着我们要了解人的基本需求和动机。如果我们能够了解对方的真实需求和动机，就能更好地与他们沟通和交流。

以前，我总想着在副业道路上，能拿到什么样的结果，但

是现在的我把焦点全部放在学员身上。因为成就他人，就是成就你自己。

副业的道路也是四季轮回的过程，如春天时积累起步，夏天时辛勤播种，秋天时收获满满，冬天时沉淀休整。身处什么阶段，就应该做好那个阶段该做的事。

日复一日，四季轮回，春夏秋冬，片霜进冬。莫道岁月晚，不蹉跎，不留念，不虚度，不念过往，不畏将来。

牛刀小试

在成长的道路上，你是否会内修？如冥想、静坐、行走等，但最好的修行是在日常工作和生活的点滴中。修行不在山里，在俗世试炼中。

5.4 案例拆解：她们都活出了绽放的样子

《为什么精英都是时间控》中桦泽紫苑就说过，他不主张业余时间的思维还停留在工作里。这样会让人疲倦，将剩下的时间拿来做自己喜欢的事，第二天的你才能能量满满。

对于业余时间的利用，是对自己的一种投资。有人说过，人与人之间的距离就是被下班后的剩余时间拉开的。

我相信，如果我们好好利用业余时间，不断学习与进步，让自己有不可替代的一技之长，也就真正拥有了自己人生的主动权。

5.4.1 结缘文案，斜杠青年重燃"创副"斗志

我的学员桂英，是一位在职场打拼的斜杠青年，自开始上班就意识到——打工的尽头是创业。

职场工作的 12 年里，她有足足 8 年的副业经历，虽终以 5 次失败收场，但她却从未有过放弃的想法，直到有一天，她无意间在小红书刷到我的一条笔记，那一刻的碰撞让她的人生从此被改写。

人这一生，你无法预判会以哪种方式出现在对方的世界里，更不知道遇见后又能走多远，但是在正确的轨道上，你终会收获更多同频的小伙伴。她曾对我说，虽然她干了很多年的销售工作，但是被我这种无痕成交的方式深深吸引，我虽只字

第 5 章　收获期，如何在副业中实现人生价值

未提销售，却让听者想要主动付费。

记得我们刚认识时，她是某大健康平台的代理，自用产品七年多，对产品非常认可，也想把大健康事业做大做强，她每天很努力，认真发圈、私信潜在客户，但是效果却不理想，那段时间的她焦虑到失眠，甚至开始陷入深深的自我怀疑，难道真的是自己能力有问题吗？

此时，她对事业按下了暂停键，开始寻找新的突破口。缘分就是这么奇妙，她在小红书上看到了我的一篇笔记，瞬间颠覆了她对销售的固有思维。因为在这之前她还是一名资深的进攻型选手，每天把自己弄得筋疲力尽，可是结果却让她崩溃。

都说思维一变，市场一片，她开启学习的日子，先从发好每天的朋友圈开始，用心写好每条文案，很快我就收到她的报喜。她朋友圈的人不仅被激活了，她的客户还主动找她下单，沉睡很久的微信终于开始充满生机！

她对我说："你是第一个让我心甘情愿付钱的人，这辈子跟定你了！"从 299 元的训练营开始，再到一对一贴身学习，每次她都毫不犹豫地选择我，我也见证了她的飞速成长。

教就是最好的学，她是一个热爱分享的人，很快开启了自己的文案导师之路。2024 年 2 月她第一次开课，很快就招募到了第一批学员，训练营还没结束，就收到了私教邀约。所以用对方法，一切都是那么顺利。

机会总就在下一次，找到适合自己的路径，拿结果是早晚的事，而文案这项技能，无疑是每个创业者的必备之选，它能

让你成交于无形。而且内容时代，文字创作能力无疑也是助力业绩长虹的关键。所以，拥有创作好内容的能力就是你最大的底气。

5.4.2　37岁宝妈做副业，家庭和事业双丰收

晓熙是我弟子班学员，在一地鸡毛的生活中，她不仅找到了事业的突破口，还收获了家人的鼓励和支持，成为被身边人羡慕的对象。

记得刚认识我的时候，她正处于人生迷茫期，不甘平凡却又不知未来在哪里，其实，每一个觉醒的职场妈妈，都会有这个阶段。后来她告诉我，幸好当时毫不犹豫报名来跟我学习，不仅在无形中化解了育儿矛盾，还让家人看到了不一样的自己。

跟着我学习不到一年时间，她不仅轻松做到了早起，在不知不觉间瘦身10公斤，更是积累了六位数的存款。宝妈的逆袭，就是如此的真实有力量！

在遇见我之前，她也在知识付费圈花了不少钱，可学完后不仅生活没有改变，花出去的学费，也丝毫没有赚回来。加入我的弟子班以后，她学到一整套文案思维，还打通了公域流量，在小红书平台吸引到精准粉丝追着来报课，轻松实现了副业收入超过主业工资。

她不仅自己开启副业之路，还带着好朋友一起来学习，仅三个月时间，双双实现副业收入破万元。两个人如今不仅是生活中的好闺蜜，更是创业路上的战友，这样的友谊也令人羡慕

不已!

她告诉我,在我这里不仅学到技能,还学到了创业者的心力与素养提升方法,这种从内心生发出的原动力,支撑她度过一个又一个蜕变的时刻。

有人觉得,平衡家庭与事业是个伪命题,但晓熙的经历告诉我们,你完全可以找到一个平衡点,在家庭中获得持续性的力量,去面对创业路上的风风雨雨。反过来,你也会拥有更加包容与平和的心态,来面对生活中的琐碎与困局。

更难得的是,晓熙不仅有主业工作,还是两个孩子的妈妈。下班后,她与家人分工合作来陪伴孩子。为了拥有独立学习的时间,她坚持每天早起,听课做笔记,看书写文案。据说,向来不爱运动的她,还抽时间学习了八段锦与太极拳。

所以,爱生活的人,总能找到方法,收获更加健康和积极的生活方式。

牛刀小试

(1)在副业的道路上,你准备如何做好日常规划,从而让事业和家庭双丰收?

请参照本章中的例子,想想如何每天多挤出15分钟,一周就多挤出105分钟来做成长型事情,如读书、写作、锻炼、副业赚钱等。

（2）如果你也像本章案例的主人公一样，在副业上一直无果，请屡败屡战，并且尝试思考，到底谁可以真正帮到你？向贵人借力，向平台借力，向万物借力。

后 记

此刻,本书来到了最后一个部分,非常感谢每一位用心的读者,读到了这里。

这已经是我出版的第五本书,回首过去的时间,白天,我把自己交给主业;晚上,我不断成长和精进。在如水的灯光下,写下一个又一个章节。

我把自己过去九年副业的实战经验以及手把手帮助学员实现人生跃迁的过程,总结成了书中的内容,希望可以帮助更多像我一样的普通人从 0 到 1 探索自己的副业旅程,设计人生的第二曲线,从而实现理想的自由生活。

感谢刘丹老师和小仙老师,在我写书的过程中,给予我莫大的帮助和鼓励。

种一棵树的最佳时间是十年前,其次是现在。于我而言,副业路上的每一步都是一次勇敢的尝试,内向的我始终坚持突破自己,挑战不擅长的演讲、直播活动,深耕文案写作和自媒体领域,让我拥有了完全不一样的精彩人生。

我一直坚信，无论你在做着什么样的事业，未来只有一种稳定，就是在哪里都有饭吃的能力！当你内核越稳，拥有更多他人无法取代的一技之长，那么就能在不稳定的命运长河中，成为那个最坚定、最闪耀的自己！

　　前路漫漫亦灿灿，笃行步步亦驱驱！

思林
2024 年 9 月